Elizabeth Hooton
(1600/1672)
Une Guerriere De La Paix: Ses Lettres

T0329015

Traduction et présentation
Par

BILL F. NDI (Dr. Es Lettres)

Langaa Research & Publishing CIG
Mankon, Bamenda

Publisher:
Langaa RPCIG
Langaa Research & Publishing Common Initiative Group
P.O. Box 902 Mankon
Bamenda
North West Region
Cameroon
Langaagrp@gmail.com
www.langaa-rpcig.net

Distributed in and outside N. America by African Books Collective
orders@africanbookscollective.com
www.africanbookcollective.com

ISBN: *9956-717-65-7*

Note Introductive

Elizabeth Hooton (1600-1672) fut la première convertie engagée du Quakerisme originel, longtemps avant Margaret Fell[1] qui serait reconnue par la suite comme la mère de ce mouvement. C'est pour cette raison, parmi tant d'autres, que j'entreprends cette initiative. Par le biais de la traduction de ses *Lettres*, j'estime pouvoir faire revivre les expériences de cette ancienne guerrière de la paix et de la Vérité en une autre langue que la langue originelle en laquelle elle écrivit son témoignage.

Dès sa conversion et son adhésion aux idées et idéaux du mouvement Quaker, elle choisit de transformer son domicile en lieu d'Assemblée. Elle participa activement à ces Assemblées. Son activisme au sein du mouvement Quaker s'insère dans la propagation du message de George Fox ; contre toute attente de la société de l'époque, une société à domination masculine. Elle fut donc, la première personne de son sexe à jouer le rôle de prédicatrice Quaker. Par le truchement des *lettres* qu'elle écrivit à ses Amis, à ses adversaires : les prêtres, les magistrats, les dirigeants politiques, et le Roi, elle laissa un témoignage captivant de ses luttes et de son activisme dans cette quête de la Vérité, de la liberté, de la justice, de l'équité pour tous ainsi que de la paix intérieure au sein du mouvement Quaker. Sa quête fut loin

---

[1] Margaret Fell qui deviendra plus tard Margaret Fox, avait vu Elizabeth Hooton plaider et écrire des lettres à l'attention du Roi et du Conseil en sa faveur. Cette intervention était destinée à résoudre une dispute opposant Margaret Fell à sa belle fille, Hannah Fell. Dans une lettre, Elizabeth Hooton informe qu'elle aurait vu George Fell au sujet de ce litige. Il s'avère qu'elle influencera dans une certaine mesure Margaret Fell à écrire une lettre au Roi en 1661. Ainsi dit Isabel Ross, auteur de *Margaret Fell : Mother of Quakerism*, « Stirred by this suffering in New England, Margaret wrote to the king once more. » p. 147.

d'être guidée par pur égoïsme ou par intérêt personnel. Elle était animée par un intérêt pour le bonheur commun, de tous et partout[2].

Les *lettres* de Hooton ne révèlent pas seulement sa ténacité, sa détermination, son intrépidité, sa patience et son courage dans cette même lutte mais aussi ceux des Quakers en général. Ces *lettres* sont révélatrices des activités de Hooton, cette audacieuse prédicatrice Quaker. Elles laissent lire les aspects ci-dessus cités, mais ne dévoilent absolument rien de sa personne. D'ailleurs ce fut un trait caractéristique de la plupart des *Journaux* Quakers, de ne pas avoir pour préoccupation principale, la personne du journaliste tant que cet aspect de son vécu n'aurait pas eu une importante signification religieuse.

Comme ses *lettres* ne fournissent point d'information sur son enfance et sa jeunesse, l'on ne peut que tourner vers d'autres sources pour reconstituer les éléments de sa vie qui nous auraient échappé à la seule lecture de ses *lettres*. Les registres de délibération de la paroisse de Nottinghamshire et des correspondances d'autres Amis de l'époque, surtout celles qui font allusion à Elizabeth Hooton sont autant d'éléments auxquels j'ai eu recours.

Déjà au dix-septième siècle, un historien du Quakerisme de l'époque, Gerard Crœse, soulignait les difficultés que l'on rencontrerait en voulant saisir la jeunesse d'Elizabeth Hooton. Par ailleurs, en lisant ses *lettres,* constat est que contrairement aux Journaux d'autres Amis qui font une allusion, ne serait-ce que passagère, à leur jeunesse ou à la période souvent qualifiée dans le parler Quaker de celle

---

[2] C'est d'ailleurs le principe cardinal du mouvement Quaker qui visait dès son début à l'universalisme au moyen d'une communion spirituelle universelle sans distinction de race, de rang, de classe sociale, ou de religion.

« d'oisiveté enfantine », aucune information ne permets d'imaginer ce qu'elle fut ou ce qu'elle fit durant cette phase énigmatique de sa vie. Nulle part dans ses écrits se trouve la moindre allusion faite à sa jeunesse ou un souvenir qu'elle aurait gardé de ladite période. Ces raisons entre autres auraient été, certes, la motivation principale de l'assertion de Gérard Crœse d'après qui, « on sait peu de choses de la jeunesse d'Elizabeth Hooton. »[3]

En ayant recours aux dits registres paroissiens et communaux de Nottinghamshire, Elizabeth Hooton demeure aussi énigmatique qu'un feu follet ou plus précisément que la *Lumière Intérieure* qui la guida vers l'acheminement de ses voyages spirituels. Sa vie cache un mystère qui ne laisse à la postérité que le choix de conjectures. Car, dans les registres ci-dessus mentionnés, une confusion apparaît. Il s'agit du fait que s'y trouvent des traces bien définies d'une Elizabeth Hooton dans la région de Nottinghamshire. Mais, s'agit-il de la qui nous intéresse ? C'est là, l'énigme !

D'après les sources fournies par l'un des premiers historiens du comté de Nottinghamshire, Robert Thoronton[4], Robert Hooton, le « pater familias mourut en 1631. » Et la même source indique le mariage entre Oliver Hooton et Elizabeth Carrier. Il n'est pas si certain que celle-ci soit la convertie du Quakerisme vu que sur une liste complémentaire desdits registres, sur laquelle sont recensés baptêmes et décès, il semble probable qu'il y eût deux paroissiens qui avaient le même nom : l'un étant Oliver Hooton qui perdit sa femme qui s'appelait Elizabeth Hooton en 1629. Mais ce qui reste évident, est le fait qu'après cette date, y habitaient un Oliver et une Elizabeth Hooton puisque le quatre mai 1633 dans la

---

[3] Crœse, Gerard. in *The General History of the Quakers*. London. 1696. "Little is known of her early life." Part 1, p. 37.
[4] Thoronton, Robert. *Antiquities of Nottinghamshire*. London: 1667

ville d'Ollerton fut baptisé Samuel fils d'Oliver et Elizabeth Hooton. Ce qui laisse à supposer que ce fut-elle notre convertie du Quakerisme originel à qui la distinction d'être la première prédicatrice Quaker a été attribuée.

D'après ce qu'écrit son fils dans son Journal, avant sa conversion au Quakerisme, Elizabeth Hooton s'était associée à plusieurs groupuscules religieux de l'époque parmi lesquels : les Anabaptistes, les hommes de la cinquième Monarchie, et les Baptistes. Sa rencontre historique avec George Fox eu lieu en 1646-47. Convaincue de la doctrine de la lumière intérieure, elle commença à prêcher et à faire du prosélytisme, ainsi qu'à protester contre l'injustice sociale et l'hypocrisie religieuse de son temps. Cette rencontre avec Fox qui transforma la teneur de sa vie est racontée par Fox lui-même. A propos, il écrit dans son Journal,

« *Vers le début de 1647, j'étais mû par le Seigneur pour aller dans le Derbyshire, [...]. Et lors de mes voyages dans certaines parties de Nottinghamshire, j'avais rencontré un peuple tendre et une femme pleine de tendresse qui s'appelait Elizabeth Hooton ; avec ceux-ci j'avais organisé des Assemblés et des discussions.* »[5]

Cette conversion fut suivie d'une opposition de son mari. Car, les prêtres s'y opposaient totalement et voulaient qu'ils se séparassent mais au lieu de suivre ces conseils, Oliver Hooton suivra sa femme et deviendra Quaker, et le restera fidèlement jusqu'à sa mort comme en témoigne George Fox en ces termes : « … mais enfin il plut au Seigneur de lui pourvoir la sagesse qu'il fut convaincu « *convinced* » aussi, et il le restera jusqu'à sa mort.[6] »

---

[5] Nickalls, J. L. Ed. *The Journal of George Fox*. Philadelphia, Religious Society of Friends. 1997. P. 9.

[6] Manners, Emily. Citant le témoignage de Fox in *Elizabeth Hooton : First Quaker Woman Preacher. (1660-1672)*, London: Headley Brothers. 1914. "… but at last it pleased ye Lord to open his understanding that hee was convinced and was faithfull untill death." P. 4-5.

De toute évidence, sa prédication active a commencé dans les années 1650 comme en témoigne Gerard Crœse qui souligne non seulement ce fait mais l'idée qu'elle fut la première en son sexe de faire ce qui, d'une manière générale, était du domaine exclusif des hommes. De plus, c'est elle qui servira d'exemple à d'autres personnes de son sexe pour prendre la parole dans des lieux publics afin de proclamer la Vérité et de prêcher la doctrine de la Lumière Intérieure. Ainsi, Crœse résume sa vie dans ces quelques lignes.

Dans sa cinquantième année, Elizabeth Hooton, une femme relativement âgée, née et habitant Nottingham, fut la première de son sexe parmi les Quakers à essayer d'imiter les hommes en prêchant ; ce qu'elle commença à faire cette année là.

Par la suite plusieurs personnes de son sexe s'enhardirent à l'imiter.

Cette femme partit plus tard avec George Fox en Nouvelle Angleterre où elle se dévoua entièrement à ce travail ; et après avoir souffert maints sévices de ces gens-là, elle se retira à la Jamaïque où elle passa le reste de sa vie[7].

Son premier départ en Nouvelle Angleterre et le départ avec George Fox suivit les années du décès de son mari. En 1657, le mari de Hooton mourut et cela semble lui avoir laissé beaucoup de temps à se consacrer entièrement à sa mission apostolique. Malgré des nombreux emprisonnements et tortures en Angleterre, de féroces et cruelles persécutions qui étaient le sort réservé aux Quakers, elle ne fut nullement découragée. Et bien que dans les colonies de la Nouvelle Angleterre aussi la persécution fût encore coriace, voire beaucoup plus qu'en Angleterre, elle décida de s'y aventurer.

Ce fut une véritable aventure. Car, son départ d'Angleterre fut difficile en raison des lois qui visaient

---

[7] Crœse, Gerard. *Op. Cit.*

spécifiquement les Quakers[8], et l'avaient obligée à changer sa trajectoire. Au lieu de partir directement en Nouvelle Angleterre, elle dut prendre un bateau pour la Virginie avant de se rendre à Boston. Et par quel moyen ? Par voie terrestre comme elle nous le confirme dans l'une de ses *lettres*. Dans celle-ci, Hooton met en exergue non seulement le fait que l'on lui refusa de s'embarquer pour les Amériques mais aussi le fait que les marins sur le continent américain refusèrent de les amener à Boston. Pourtant, grâce à une personne qui accepta de les amener à mi-chemin, elles (Hooton & Jane Brocksopp) finirent le reste du voyage à pied. En outre d'après elle, nous apprenons dans cette lettre le fait suivant : « lorsque nous arrivâmes à Boston après un voyage difficile, il n'y eut point de maison pour nous accueillir…. »

Malgré l'hostilité qui les y attendait, dès leur arrivée à Boston, Elizabeth Hooton et sa compagne de voyage au service de la Vérité, se montrèrent intrépides et déterminées en rendant visite à des Amis enfermés dans les prisons de cette ville. Car, la cause des opprimés tenait toujours une place prépondérante dans les cœurs de ces missionnaires Quakers. S'étant identifiées comme Quakers, Hooton et sa compagne, Jane Brocksopp furent incarcérées. Elle nous fait part de cette condamnation et explique comment le geôlier et

---

[8] Les autorités de Boston avaient promulgué une loi en 1656 qui infligeait une amende de £100 à tout capitaine qui amènerait en connaissance de cause, un Quaker dans les colonies. Comme cette loi avait été impuissante à empêcher les Quakers qui réussissaient malgré tout à pénétrer dans les colonies, un durcissement de cette loi s'avéra indispensable. La même année, 1656, fut proclamée une nouvelle loi qui ne visait pas seulement les sympathisants de la secte Quaker mais les Quakers eux-mêmes. Une amende de £5 était infligée pour la possession de livres Quakers. La maison de correction et la flagellation attendaient tout Quaker entrant dans les colonies. Dans *les lettres* d'Elizabeth Hooton, celle-ci raconte comment elle fut fouettée de ville en ville.

sa femme les avaient impliquées. Cependant, en ses propres termes, Hooton, dans cette lettre, partage cette expérience qu'elle et les autres Quakers avaient endurée sur le Continent américain avec le lecteur. Elle écrit :

[....]. Ils nous ordonnèrent de partir, et il (le geôlier) partit voir le Gouverneur Endicott, devant qui, il nous emmena.... mais il ordonna que l'on nous conduisît en prison puisque toute personne appelée Quaker qui venait dans ce pays commettait un crime sans même avoir enfreint la loi.... [9]

Elle fut libérée avec vingt six autres Quakers après que le Gouverneur et la cour générale aient reçu une lettre du capitaine John Leverett, un marchand londonien dans le Massachusetts. Dans cette lettre, il faisait part au Gouverneur et la Cour Générale du fait qu'ils risquaient de compromettre leurs positions s'ils continuaient à persécuter des Quakers car, écrivait-il,

J'ai appris que les Quakers ont consulté le Roi au sujet de la condamnation à mort par vous de certains de leurs Amis exécutés à Boston. La rumeur générale d'après les gens est qu'un autre gouverneur sera envoyé là-bas. Il y a d'autres rumeurs vous concernant mais.... J'ai discuté avec Lord Say et Sele, et aussi avec le Comte de Manchester & c. [....].

Certains Quakers disent avoir eu la promesse d'une mise en ordre qui leur garantira la liberté de vivre parmi vous [10].

---

[9] Voir *Lettre* §§: /8.
[10] Manners, Emily. *Op. Cit.* p.28. Traduction de, "ye Quakers I hear have been with ye king concerning your putting to death those of theyr frds executed at Boston. The general vogue of people is yt a Govr will be sent over. Other rumours yre are concerning you, but I omit ym, not knowing how to move and appeare at Court on your behalf. I spoke to Ld Say and Sele to ye El of Manchester &c. Some Quakers say yt they are promised to have order for ye liberty of being with you" p.28.

Grâce à cette lettre de mise en garde, le Gouverneur et la Cour Générale libérèrent Hooton et ses confrères et consœurs souffrant pour la Vérité.

Ce séjour en prison qui ne fut point le premier ni le dernier n'avait point timoré son zèle. Elle fut arrêtée à nouveau, jugée et bannie aux îles françaises, un bannissement qui ne prit point effet et elle fut à nouveau jugée et expulsée de la juridiction. Une expulsion sous escorte d'hommes armés qui les abandonnèrent dans des lieux sauvages dans l'espoir qu'elles y périssent. Pour ce faire, ils les laissèrent « la nuit entre les grands fleuves et parmi les bêtes de proie… sans aucune autre provision hormis les biscuits….[11] » Ayant survécu à cette dure épreuve, elle partit pour le Rhodes Island où se tenait la première Assemblée Générale des Amis de la Nouvelle Angleterre[12]. Après cette Assemblée Générale, l'infatigable Hooton se dirigea vers la Barbade où elle passa quelque temps avant de retourner en Nouvelle Angleterre.

Malgré la fermeté de la première persécution qu'elle avait subie en Nouvelle Angleterre et le fait qu'elle fût déjà bien âgée, elle se décida à y retourner non en touriste ou visiteur qui, sans dire mot, passerait inaperçue dans cette ville. Elle y retourna en prophétesse et à travers les rues de la ville de Boston, elle fit entendre sa voix. Elle proclama haut et fort que la loi avait été bafouée. Les autorités de Boston l'arrêtèrent espérant ainsi mettre fin à l'activisme de Hooton. Cette fois-ci, elle fut conduite dans un bateau à destination de l'Angleterre.

Cependant, à son retour en Angleterre en 1662, elle formula un plan pour retourner en Nouvelle Angleterre. Entre temps, elle écrivait aux magistrats en signe de protestation. Elle défiait également les autorités et rendait

---

[11] Voir lettre §§: /8.
[12] Ceci se produisit en 1661.

visite à des prisonniers et des Amis enfermés. Dans une autre situation elle se présenta devant le monarque : le Roi

Charles II revêtue de toile de sac et cendre[13].

Pendant cette même période, son fils Samuel, lui aussi Quaker, se retrouva dans un imbroglio juridique qui se termina par la saisie de ses biens. Hooton dans ses *lettres* d'alors s'en prend au juge qui avait spolié son fils de ses biens. Elle fit de ce sujet du juge inique et de la veuve importune, une thématique de ses écrits de ladite période. Ses *Lettres* sont pleines d'allusions et d'arguments bibliques tirés du livre d'Esaïe chapitre 10 : 1-4 pour avertir ses oppresseurs du sort qui les attendait.

Ce qui attire l'attention dans les écrits de cette période[14] est le fait que malgré ses déboires et ses déceptions face au système politique et juridique, elle n'oublia point ses Amis à qui le même sort était réservé. Elle souligne ce fait, lorsqu'elle parle de ses rencontres avec le Roi, et dit « … je pus présenter les doléances de nos Amis dans tout le pays[15] ».

Bien que des failles grammaticales et stylistiques soient évidentes dans ses lettres, elle poursuit dans un langage direct mais avec un ton ferme. Elle ne put s'empêcher d'attirer l'attention sur la corruption qui régnait à l'époque[16] dans le royaume. Elle se servit de ce qui lui était arrivé comme exemple classique de l'oppression qu'elle fustigeait. Bien qu'il

---

[13] Ce fut l'une des formes extravagantes de protestation Quaker, mais la plus distinguée de ces formes était de se promener nu « comme un signe » *Going naked as a sign*. George Fox raconte dans son Journal, p. 407. avec fierté les aventures de William Simpsons qui se promena nu pendant trois ans en guise de témoignage, allant dans des églises, sur les marchés, dans les cours, les villes, les cités et les maisons des prêtres pour les inciter à se dévêtir comme lui et changer de vêture spirituelle.

[14] Période durant laquelle, se trouvant en Angleterre, elle subit maints sévices. La saisie de son bétail, l'emprisonnement etc.

[15] Voir détail lettre §§-9.

[16] Le 17ème siècle anglais, après la Restauration.

ne soit pas clair qu'elle fut finalement dédommagée pour ses biens confisqués, il est cependant évident que ses innombrables lettres font preuve de sa détermination de lutter pour une cause qu'elle savait juste.

L'idée de retourner dans les colonies de la Nouvelle Angleterre évoquée plus haut est née dès son retour forcé en Angleterre. Il est pourtant vrai qu'en 1661, le Roi Charles II obtînt une rémission de la cruauté pratiquée contre les Quakers dans les colonies de la Nouvelle Angleterre mais rien ne garantissait qu'en y retournant cette fois-ci Hooton allait être épargnée par la persécution. Car, le Roi s'était vite revenu sur la décision contenu dans son édit de Mandamus[17] de 1661. Le 28 juin 1662 le Roi publia un décret qui confirmait aux colons la patente et la charte qui leur avaient été accordées par son père, Charles I. Il soulignait dans ce décret les faits suivants :

[....] Nous ne saurions être compris en conseillant ou en souhaitant qu'une indulgence soit accordée à ces gens généralement appelés Quakers qui ont des principes qui présentent des contradictions avec toute forme de gouvernement. [....][18]

En plus, en avril 1663 le Roi fit une déclaration qui promettait de préserver la charte de Massachusetts. Avec l'improbabilité d'une intervention du Roi en faveur des Quakers et la connaissance de Hooton de la dure réalité de la persécution sur le continent américain, on imagine qu'elle aurait été découragée de s'y rendre à nouveau. Mais, croyant y être appelée par le Seigneur elle y retourna nonobstant.

---

[17] Édit par lequel le Roi demandait une rémission des cruautés pratiquées contre les Quakers.
[18] Manners, Emily. *Op. cit.* p. 39. Traduction de, "[…] We cannot be understood hereby to direct or wish that any indulgence should be granted to those persons commonly called Quakers, whose principles being inconsistent with any kind of government, […]" p. 39.

Cette fois, elle partira avec sa fille. En sus, avec une licence royale[19] qui lui donnait le Droit d'acheter un bien foncier dans n'importe laquelle des plantations d'outremer. Elle y partit avec l'espoir d'acheter un titre foncier où elle pouvait construire une maison d'Assemblée et une petite maison pour accueillir les missionnaires Quakers puisqu'il était interdit d'héberger ces derniers sous peine d'une amende d'une livre par nuit. Elle comptait également y construire un lieu de sépulcre où inhumer ceux qui étaient victimes d'une exécution ; au lieu de les laisser inhumés sous les potences. Mais elle se trouva dans la même situation que précédemment et pire encore car, l'emprisonnement fut accompagné cette fois-ci de flagellations et d'abandons dans des lieux sauvages à la merci des animaux sauvages. Elle finit par être rapatriée à la Barbade d'où elle retourna en Angleterre. Malgré les sévices infligés pour qu'elle mourût dans des lieux déserts, et en dépit du fait que son cheval fut confisqué et mis au service des envoyés du Roi, elle aida tout de même ces derniers[20].

Ces commissaires du Roi étaient en Nouvelle Angleterre pour examiner toutes les plaintes et tous les appels qui provenaient de la Nouvelle Angleterre exigeant un maintien de la paix et de la sécurité. Il est cependant important de souligner qu'en mars 1664/5, à a mort du Gouverneur

---

[19] A la suite du décret royal mentionné plus haut il est clair que le Roi n'était pas sincère en lui remettant cette licence. De toute évidence, les vexations d'Elizabeth Hooton poussèrent le Roi à prendre cette décision.
[20] Voir les lettres §§: /9, 10, 11. Dans ces *Lettres*, elle souligne le service qu'elle avait rendu aux commissaires du Roi en Nouvelle Angleterre.

Endicott[21], persécuteur juré des Quakers qui l'avait torturée avec sévérité, Hooton se présenta à son enterrement avec le dessein d'utiliser les circonstances misérables de sa mort comme un signe manifeste du jugement du Seigneur. Elle essaya donc d'exhorter ceux qui assistaient au cortège funèbre de résister à la persécution. Pour cette raison, elle fut arrêtée et emprisonnée. Toutefois, elle résume ses souffrances en Nouvelle Angleterre dans sa « Lamentation pour Boston et sa ville sœur Cambridge »[22]

Elle retourna en Angleterre[23] lors de l'apaisement de la peste[24] où elle poursuivit son engagement pour la cause des opprimés. D'abord elle défendit la cause des Quakers en écrivant au Roi pour lui faire savoir que le bannissement et les autres punitions infligées aux Quakers dans les colonies

---

[21] John Endicott (c. 1588-1665), fut le premier gouverneur de la Nouvelle Angleterre. Il est entré dans l'histoire du Quakerisme en Nouvelle Angleterre comme leur persécuteur par excellence. Pour plus de détail, cf. *Annals of Salem*, 1845, où se trouve un portrait des Pilgrim Fathers « Chronicle of the Pilgrim Fathers » et *Journal : Friends' Historical Society. xii.*

[22] Voir lettre §§: /14.

[23] D'après Emily Manners, toutes les dépenses financières étaient à sa charge. Manners écrit p. 34 « dans un volumineux rapport sur les coûts des voyages d'évangélisation effectués par des Amis du 17ème siècle, il n'y a pas d'indication qu'une somme quelconque fut versée à Elizabeth Hooton. Il se peut que l'argent qu'elle aurait dépensé lors de ses voyages incessants provinsse de ses propres ressources. L'historien Bowden souligne d'ailleurs qu'« elle possédait des moyens suffisants. » (*Hist.* 1. 256.)

[24] Avec l'éruption de la peste en 1665, les Quakers furent accusés d'être à l'origine de « cette épidémie du siècle. » Par contre, les Quakers et la plupart des sectes apocalyptiques de l'Interrègne la considérèrent comme une punition céleste réparant l'oppression des justes et des innocents. Elizabeth Hooton fit comprendre au Roi dans l'une de ses correspondances, « If there be not A speedy repentance judgmts will ensue, as Late hath been in England ye Pestilence ye Sword & ye Fire. » Faisant ainsi allusion aux tristes événements qui secouèrent l'Angleterre du 17ième. : la guerre, la peste et le grand incendie de Londres.

étaient exécutés dans des conditions terribles, et pour ce, méritaient d'être abandonnés. Après la proclamation de la loi contre des conventicules, *conventicle act,* (1664) dirigé contre les Non-conformistes, elle fut arrêtée et incarcérée accusée d'avoir participée à une Assemblée illégale[25]. Elle fut condamnée à une peine de prison de trois semaines ou à payer une amende d'une livre. Au lieu de s'en préoccuper, elle tâcha plutôt d'informer le Roi du malheur qui frappait les Quakers partout dans le royaume et des conséquences qui en découleraient si rien n'était fait pour permettre aux Quakers d'obtenir du répit[26].

Aussi une polémique opposait les différentes sectes dans la République de Cromwell et ce, même après la Restauration de la monarchie en 1660. Ardente défenderesse des idées et des idéaux de George Fox, dès l'aube du Quakerisme, elle avait montré sa ferveur et les défendait avec passion. Vers 1668, Elizabeth Hooton entra en conflit avec Lodowicke Muggleton[27] à qui elle écrivit une lettre mentionnée par ce dernier dans l'une de ses correspondances datées de janvier 1668. Cependant, dans un autre conflit l'opposant cette fois-

---

[25] En 1662 déjà, une loi, *The Quaker Act* fut dirigée contre les Quakers leur interdisant de se réunir sous quelque prétexte que ce fut. Les deux *Conventicle Acts* de 1664 et de 1670 ne furent qu'un renforcement des rigueurs de l'ancien *Quaker Act* même si ces deux lois prétendaient s'adresser à toutes les sectes non-conformistes. Historiquement, la persécution des Quakers atteignit son apogée à la proclamation de cette loi de 1670.

[26] Voir note infra-paginale n° 17.

[27] Lodowicke Muggleton (1609/197/8) et John Reeve (1608/1658) s'étaient proclamés « deux témoins de l'Apocalypse xi. Ils fondèrent la secte des Muggletoniens. Une secte qui n'eut pas eu un très grand nombre d'adhérents. Cependant, jusqu'en 1929, année de la mort du dernier des Muggletoniens, cette secte partageait avec le Quakerisme, la particularité d'être les seules survivantes des sectes fondées pendant l'Interrègne cromwellien.

ci à des Ranters, elle écrivit pour réfuter des accusations faites par ces derniers contre de George Fox. Ainsi, elle écrit :

Vous, autres femmes hurleuses, qui appartenez aux Ranters…. Vous avez dit que nous avions fait de George Fox une idole…. Vous avez récemment pourchassé Richard Farneworth ainsi que les autres…. Pour cette raison, le malheur s'abattra sur vous…[28]

Infatigable comme elle le fut, quiconque aurait imaginé qu'elle se lasserait, à cause de son âge très avancé, de lutter pour une cause qui semblait ne pas beaucoup évoluer car l'administration faisait de son mieux pour décourager les radicaux, et en particulier les Quakers. Cependant, elle ne fut point découragée, ni par l'âge ni par les périls et les désagréments de ses voyages risqués, effectués à bord « de vieilles barques[29] ». Les emprisonnements ainsi que la possibilité d'être à nouveau appréhendée, enchaînée et jetée en prison, comme il est évident que ce fût son lot, auraient dû la décourager d'entreprendre un autre voyage missionnaire. Mais, elle se sentit appelée par le Seigneur à continuer. Elle choisit de s'embarquer avec George Fox et un groupe d'Amis en partance pour l'outremer afin de rendre visite aux Amis du Nouveau Monde et aussi afin de défendre ces derniers des diffamations grossières promulguées à leur encontre. Elizabeth Hooton et Elizabeth Miers étaient les seules femmes à bord. Deux mois plus tard, ils accostèrent sains et saufs à la Barbade. Là, Hooton entreprit de défendre ses consœurs et confrères de l'île[30].

Trois mois plus tard, le 8 janvier 1671/2 en compagnie de George Fox et des autres elle s'embarqua pour la Jamaïque.

---

[28] Voir lettre §§: /16.

[29] Ce sont les propres termes d'Elizabeth Hooton dans l'une de ses lettres où elle reproche au Roi de déporter les Quakers. Voir lettre §§: /15.

[30] Voir lettres écrites aux dirigeants de l'île. §§-27/28.

Ils y arrivèrent sains et saufs. Malheureusement, vie tumultueuse de cette farouche guerrière de la paix devait s'arrêter-là. En dehors de ses *Lettres* traduites par mes soins et qui de toute évidence ne sont que des fragments d'une vie, la vie d'Elizabeth Hooton est contée seulement à travers les témoignages de ceux qui eurent à la côtoyer parmi lesquels George Fox qui écrivant le 12 juin 1672 depuis le Rhodes Island dit ceci :

> *Elizabeth Hooton est décédée à la Jamaïque…. Mais laissez le soin à son fils, Oliver de rassembler tous ses papiers et recueillir toutes ses souffrances, et de les envoyer à Londres pour que sa vie et sa mort puissent être publiées.[31]*

Ainsi s'acheva la vie de cette femme qui, à une époque où la femme ne devait pas se faire entendre, avait bravé les interdits sociaux et avait vigoureusement défendu ses convictions jusqu'à son dernier souffle. Hooton serait la première prophétesse qui ait fait passer ses convictions religieuses dans la quête de l'égalité homme-femme. A ce titre elle est représentative de la lutte féministe, qui des siècles plus tard, s'en est suivie pour permettre aux femmes l'égalité civique et voire religieuse même si dans certaines religions le prêche leur est toujours interdit.

Il est indéniable que de nos jours elle reste très méconnue car très peu est dit d'elle. Mais, comment conclure l'histoire de sa participation au sein du mouvement Quaker sans souligner le fait que même si l'Histoire semble l'ignorer, tous les premiers Quakers ne pouvaient pas être George Fox, William Penn, Robert Barclays, etc. de la même manière que

---

[31] *George Fox: The Journal.* Ed. Cambridge. P. 213. et repris par Nickalls in *The Journal of George Fox.* "Elizabeth Hooton is deceased at Jamaicae … let her sonne Oliver gather up all her papers and her sufferings and send them to London that her life and death may be printed." p. 609

tous les Chrétiens de l'église primitive n'étaient pas Jésus Christ ? Si George Fox, William Penn et Robert Barclays constituaient le pilier principal du Quakerisme Originel, Elizabeth Hooton semble avoir été la pierre angulaire sans laquelle l'avenir égalitariste dudit mouvement aurait été incertain. Par ailleurs, je me demande si un chercheur dans le domaine du Quakerisme tel que Nigel Smith ne suggère-t-il pas précisément cela lorsqu'il écrit qu'au sein du mouvement Quaker originel, « d'autres personnalités avaient joué des rôles vitaux dans des contextes où George Fox lui-même avait comparativement très peu d'influence.[32] » ?

C'est ainsi que faire revivre la vie tumultueuse d'une Quakeresse convaincue telle Elizabeth Hooton, malgré le fait que le conte de sa vie soit parvenu à la postérité en de fragments de *Lettres* recueillies çà et là, permettrait de mieux cerner la dynamique qui l'animait, les idéaux du mouvement égalitariste et universaliste qu'était et l'est encore le mouvement Quaker. Ces fragments de l'histoire de sa vie pourraient combler un vide dans le domaine d'études sur le Quakerisme qui semble s'être intéressé plus aux Quakers plus célèbres dont l'histoire avait été documentée soit par eux-mêmes soit par leurs enfants.

Cependant, grâce à ces *Lettres,* ces fragments de l'histoire de la vie d'Elizabeth Hooton semblent souligner le fait qu'elle fût beaucoup plus préoccupée par sa mission apostolique que par la composition de l'histoire de sa vie. C'est ce qui apparaît dans un témoignage de George Fox lui-même concernant la vie d'Elizabeth Hooton. En 1690, pour commémorer la vie de cette ancienne combattante de la croix, George Fox écrivit :

---

[32] Smith, Nigel. in l'introduction à *George Fox : The Journal,* London : Penguin, 1998. P. xiii.

Sa vie durant, elle avait beaucoup combattu les prêtres, les professeurs extérieurs, les apostats, les relaps [récidivistes] et les profanes car, elle était une femme pieuse et se sentait la grande responsabilité d'encourager les gens à marcher sur le chemin de la Vérité qu'elle professait. Depuis qu'elle avait reçu la Vérité, elle ne lui avait jamais tourné le dos, mais y était restée fervente et fidèle jusqu'à la mort[33].

Ceci semble être amplement justifié par ces fragments de son histoire que constituent *Les Lettres d'une guerrière de la paix.* De ces fragments, n'émerge-t-il pas une figure héroïque, ayant bien joué son rôle à l'âge glorieux de la Société des Amis ? N'est-il pas vrai qu'elle était toujours vaillante à défendre la Vérité, et qu'elle était vive à saisir toutes les occasions qui s'offraient à elle pour plaider la cause de ses compagnons de malheur ? Bien que ce fussent ses propres *souffrances et persécutions* qui lui offraient ces opportunités, sa motivation n'était pas égoïste. Elle n'avait pas peur de dénoncer les maux de son temps, même face au Roi. De plus, elle était très en avance sur son temps dans les plaidoyers qu'elle formulait pour la réforme du système pénitentiaire et d'autres réformes sociales.

La formulation de ses plaidoyers, qui prennent parfois un ton menaçant[34] et parfois un ton diplomatique, surtout celui de conseiller[35] est structurellement caractérisée par de longues phrases alambiquées. Elizabeth Hooton emploie rarement des

---

[33] Traduction de, « in her Life she was very much Exercised with priests outward professours Apostates Backsliders and Profane, for she was a Godly Woman & had a Great Care Lay upon her for people to walk in ye Truth that did Profess itt, and from her receiving y Truth she never turned her Back of itt but was fervent & ffaithfull for it till Death. » in Emily Manners, *Op. cit.* P. 74.

[34] Cf. la lettre intitulée « à l'attention des dirigeants et magistrats de l'île qui doivent gouverner pour Dieu. » §§-27.

[35] Tel est le cas dans certaines de ses lettres adressées à l'attention du Roi ou encore la lettre qu'elle adressa au Lord Chamberlain.

signes de ponctuation et parfois lorsqu'ils sont employés, ils apparaissent là où ils sont le moins attendus. Par exemple elle emploie des virgules à la place et lieu de points et vice versa etc.

Quant à sa diction, bien que Hooton soit autodidacte, elle fit de son mieux pour employer les termes techniques à bon escient. Elle n'émaille pas son écriture de termes à consonance grandiloquente. En conformité avec les usages Quaker de «*plain style*« ou mieux encore de la simplicité Quaker. Elle emploie très souvent les termes selon leur contexte: religieux, juridique, maritime etc. même si l'orthographe parfois semble ne pas être d'usage ou habituelle. Toutefois, ces éléments de structure linguistique, stylistique et grammaticale déterminent si la traduction à effectuer sur un texte serait mot à mot, littérale, libre, esthétique, pragmatique, ethnographique, linguistique ou poétique encore.

Ces *Lettres* de la première prédicatrice Quaker, par leurs témoignages frappant, constituent une contribution importante à l'histoire de la polémique du dix-septième siècle anglais. De plus, elles dévoilent aussi la cause à laquelle étaient voués les premiers Quakers ; il s'agit de la cause des opprimés et des pauvres qui tenait une place très importante dans les cœurs de ces derniers.

En somme, ces *Lettres* permettront de mieux revivre son auteur et de mieux saisir les méthodes adoptées par cette courageuse et infatigable ancienne combattante du Quakerisme originel qui fut non seulement la première à se rendre à Oxford pour prêcher la doctrine de la *Lumière Intérieure* mais celle qui résuma sa vie, elle-même ainsi :

Tout ceci, et plus encore, je l'ai traversé au milieu de souffrances. Et j'en aurais fait beaucoup plus encore pour l'amour de la semence [divine] qui est enfouie et opprimée, telle une charrette croulant sous des gerbes de blé, ou un prisonnier au fond d'un cachot ; oui, l'amour que j'ai pour l'âme des hommes me donne la volonté de supporter tout ce qui peut être infligé de pire[36].

De surcroît, ces *Lettres* permettraient une meilleure compréhension du fonctionnement de la dynamique égalitariste au sein du mouvement Quaker dès son commencement.

---

[36] BISHOP, George. *New England Judged*. p. 420.

A L'attention de Noah Bullock, Maire de Derby[1]

Ô! Ami, vous êtes magistrat nommé pour rendre la justice, mais en me mettant en prison, vous avez agi à l'encontre de la justice selon votre loi. Ô! Veillez à ne pas satisfaire les hommes beaucoup plus que Dieu comme le firent les Pharisiens et les Scribes [qui] recherchaient les louanges des hommes plutôt que celles de Dieu. J'étais étranger et vous ne m'avez pas recueilli et j'étais en prison et vous ne m'avez pas rendu visite (Matthieu. 25 : 43) Ô ! Ami votre jalousie ne me vise pas mais vise plutôt la puissance de la Vérité. Je n'ai que de l'amour pour vous et non de l'hostilité. Ô ! Prenez garde à l'oppression, car voici, le jour vient, ardent comme une fournaise. Tous les hautains et tous les méchants seront comme du chaume ; le jour qui vient embrasera, dit l'Éternel des armées, Il ne laissera ni racine ni rameau. (Malachie 4 : 1). Ô ! Ami, si l'amour divin était en vous, vous aimeriez la Vérité et l'entendriez proclamée et n'emprisonneriez pas injustement les gens. L'amour du Seigneur n'abat, ne torture et ne hait personne. Si l'amour de Dieu avait pénétré votre cœur, vous seriez reconnaissant, mais vous exhibez ce qui vous gouverne. Comme chaque arbre se révèle par ses fruits, vous vous révélez ouvertement par votre ivresse, votre parjure, votre orgueil et votre vanité qui règnent parmi les

---

[1] Cette lettre est en première position car, elle constitue l'un des premiers écrits du mouvement Quaker. Bien qu'elle fut adressée à l'attention du Maire de Derby, Noah Bullock, personne jusqu'ici n'a pu déterminer la vraie position qu'il occupa dans la ville de Derby. D'après d'autres sources, il figure comme magistrat de la ville. Ainsi Emily Manners souligne ceci à son sujet «Le nom Noah Bullock ne figure pas dans la liste des maires de Derby donnée par William Hutton dans, *History of Derby*, Ed. de 1791. Mais, une allusion curieuse apparaît dans le même travail à la page 236.

savants, le peuple et dans toute la société. Ô ! Ami la bonté, le jugement équitable et la justice (cf. Psaume. 101 : 1). sont sur les lèvres de tout le monde dans vos rues. Ô ! ami prenez garde aux malheurs ; malheur à la couronne de l'orgueil, malheur à ceux qui boivent dans de larges coupes alors que les pauvres sont sur le point de trépasser. Ô, souvenez-vous de Lazare et de Dives ! Dives se prélassait chaque jour dans le luxe tandis que l'autre était un malheureux mendiant. O, ami prêtez attention à ces choses puisqu'elles vous entourent ; assurez-vous de ne pas être ce mauvais riche ! M'enfermerez-vous, moi qui n'ai pas enfreint vos lois et ne me suis pas mal comportée ? Considérez, sont-ce les bonnes manières anciennes que l'on vous avait apprises ?

Elizabeth Hooton

Lettre Cosignee[2], Elizabeth Hooton a L'attention Des Amis

.... Nous recevons de grands soutiens en même temps que le soutien chaleureux du gouverneur de la ville, plusieurs soldats sont très affermis [dans notre foi] et de grands sympathisants. Oh! Qu'il est magnifique l'amour du Seigneur pour nous. Quelles richesses sans fin il déverse sur nous, Ah ! La richesse excessive de sa grâce nous est donnée par des cantiques. A lui seul la gloire, l'honneur, et la louange maintenant et pour toujours. Ma sœur Elizabeth Hooten vous transmet son affectueux souvenir dans le Seigneur ainsi que ma sœur Mary Fisher[3] qui fut amenée en prison depuis Selbie pour avoir interrompu[4] un prêtre dans la Maison à clocher[5] du lieu. Elle était la servante

---

[2] Elizabeth Hooton est cosignataire de cette lettre qui n'émane pas d'elle directement. Cette lettre permet d'apprécier les relations existant entre Elizabeth Hooton et ses coreligionnaires tous prêts à souffrir pour faire triompher la Vérité. Cette lettre révèle les débuts des persécutions dont elle fut l'objet et ses tracasseries judiciaires. Elle fournit les premières indications de l'intrépidité d'Elizabeth Hooton comme en témoignent ces lignes : « mes compagnes se mirent à dénoncer avec audace, à la barre, le mensonge contenu dans leurs lois et un gouvernement corrompu ainsi que des prêtres imposteurs. »

[3] Mary Fisher (c. 1623-1698), plus tard Bayly et Cross, était devenue une prédicatrice et voyageuse éminente. Elle s'était rendue à Cambridge où elle avait prêché aux étudiants. Elle voyagea dans la Caraïbe et en Europe de l'Est. Elle mourut à Charlestown, en Caroline du Sud, voir *Cambridge Journal ; Les Quakeresses*, 1915.

[4] Traduire le mot anglais « to speak », « parler », par « interrompre » relève du fait que c'était là une attitude caractéristique de la contestation Quaker que d'interrompre de manière intempestive les prêtres en chaire. Toute traduction de cette expression par son équivalent français conduirait certes, à une sous traduction, voire à un faux sens.

de Richard Tomlingson de Selbie.

.... Ma sœur Elizabeth Hooton et moi ne nous attendions pas à ce que l'on nous présentât devant le juge, et le mari d'Elizabeth était venu en personne aux assises repartant peu de temps après. Le juge lui avait dit qu'elle ne pourrait pas être entendue ici mais serait renvoyée à des assises ultérieures. Toutefois, à la fin de leur session d'assises, ils nous appelèrent tous à comparaître devant eux... En entrant dans la salle, je fus envahie d'une paix et d'une joie intérieures.... Je fus poussée à m'écrier, malheur aux juges iniques.... Mes compagnes se mirent à dénoncer avec audace, à la barre, le mensonge contenu dans leurs lois et gouvernements corrompus ainsi que les prêtres imposteurs. Nous sommes tous demeurés dans une grande liberté malgré nos circonstances extérieures et le Seigneur est puissamment présent en nous; à lui seul soient louanges pour des siècles et des siècles...

Sincèrement vos chers frères et sœurs, Thomas Aldam[6], Elizabeth Hooton, William Peares[7], Jane Holmes[8] et Mary Fisher.

---

[5] Terme technique propre au Quakerisme se rapportant aux églises. Ils appelèrent les églises ainsi parce qu'il fallait sonner la cloche de l'église pour y convoquer les fidèles.

[6] Thomas Aldam (c.1616-1660) habita Warmsworth, près de Doncaster. Sa détention à la Forteresse de York résulta d'un différent avec le prêtre de son village, Thomas Rookby. Il passa ainsi deux ans et demi en prison. Cf. *Short Testimony* de son fils Thomas, 1690 ; *Piety Promoted, Dictionary of National Biography*, 68 vols., 1885-1904. et *The Journal of George Fox*, Cambridge

[7] Selon le MS. In **D** (Swarth. MSS. iii. 91), William Peares mourut à la Forteresse de York. Fox contresigne ce brouillon : « William Peares mourut à York vers 1654 ». Dans le MS. On peut lire ceci : « la cause de son emprisonnement était qu'il s'était senti poussé à se promener en ville complètement nu, à l'image de la nudité innocente du monde naturel, la personne nue témoignant ainsi que la Vérité était nue ».

A Declaration of Present Sufferings, imprimé en 1659, p. 20, qui relate six années de persécutions, confirme la déclaration de George

A L'attention Du Capitaine Stothers et de Sa Femme

Chers Amis,

Capitaine Stothers[9] ainsi que votre femme, ma grande et tendre affection à vous deux. Je suis poussée à vous écrire, mes chers frères, pour vous dire que nous allons bien, grâce au Seigneur qui m'a repêchée et m'a montré l'abondance de sa grâce en m'habituant aux ruses et stratagèmes diaboliques de Satan qui cherche sans cesse à prendre les âmes simples dans ses rets avec ses appâts subtils pour ensuite assujettir ce peuple de Dieu. Oh ! Cher ami, quand le Seigneur vous libère et vous apporte la joie, vous pouvez alors penser avoir tout surmonté. Mais, il y a une croix journalière à soulever. Pendant cet exercice le désir de la chair demeurera si aucun d'eux n'est refoulé, ce serpent-là l'attrape et l'achemine vers la mort et l'obscurité pour qu'il y ait toujours un combat perpétuel car, rien n'est obtenu sans passer par la mort et les « souffrances » ceci se réalisant par la force de la foi qui enlève tous les désagréments. En s'y tenant fermement, la

---

Fox concernant le Yorkshire: « William Peers fut emprisonné jusqu'à sa mort pour refus de s'acquitter des dîmes ecclésiastiques ».

[8] Avant son incarcération à la Forteresse de York, Jane Holmes était l'une des Amis dont la prédication avait exercé une telle influence dans la ville de Malton que, « certains furent poussés à brûler un grand nombre de rubans de soie, ainsi que d'autres objets de vanité» (D. Swarth. MSS. i. 373). Dans la Forteresse de York, sa santé se détériorera. Ceci pourrait expliquer la dépression dans laquelle elle tomba. Le MSS souligne que « la nature sauvage en elle fut plus exaltée que la semence Divine » et « l'esprit sauvage de l'aigle se trouva plus élevé que la croix à porter » (Swarth. MSS. iii. 40), aboutissant à « sa désertion » de ses Amis d'autrefois vers les ténèbres et l'obscurité. Cf. Braithwaite, *Beginnings of Quakerism*, 1912, pp.72, 73.

[9] Amor Stoddard (décédé 1670), fréquemment appelé capitaine Stoddard, accompagna Fox lors de plusieurs voyages missionnaires. Il habitait Londres. Sa femme mourut en 1665. Pour plus de détails Cf., Beck et Ball, *London Friends' Meeting*, 1869 ; Cambridge *Journal*.

force des ténèbres ne peut faire de mal, mais en désirant satisfaire la volonté de la chair, le serpent revient dire à la créature de se détendre et de jouir de la liberté de la chair. Aussi dira-t-il, tu n'as plus besoin de soulever cette croix car tu as atteint ton repos, tu peux donc manger, boire et prendre plaisir et je te donnerai du plaisir en abondance. C'est ainsi qu'une pauvre âme se trouve submergée par la légèreté et l'étourderie. Tu deviens alors odieux envers Dieu et envers les hommes, et tu provoques des scandales contre l'Église ainsi sommes-nous rendus odieux au monde par des réfractaires qui réinstallent ce que nous avions jadis rejeté, la désobéissance, ainsi est le commencement de ces choses. Ô chers Amis, prenez[10] garde ! Et avertissez[11] les autres pour que nous puissions continuer à porter la croix chaque jour dans le lieu le plus obscur et pour que nous suivions le Christ pour qu'il éclaire le chemin devant nous et nous guide à sa manière. J'ai eu l'expérience de la ruse de Satan. Le Seigneur m'a mise à l'épreuve. Mais, il n'y a pas d'autre moyen que de s'asseoir et de se soumettre à sa volonté, et là, on trouve repos et paix.

A très bientôt. Mes amitiés à Richard Hatter et son épouse ainsi qu'à William Tomlinson.

Amicalement,
Elizabeth Hooton.

---

[10] Le vouvoiement est impératif ici car Hooton s'adresse au Capitaine Stothers et à sa femme.
[11] Ibid.

Pour Que la Cour Libere James Halliday[12] et Fasse Venir Tous les Autres a la Barre Afin de Les Remettre en Liberté

Vous[13] qui siégez à la cour, rendez la justice et l'équité pour ces braves et honnêtes gens appelés Quakers que vous mettez en prison. Aussi, appelez-les à la barre et libérez-les[14] puisqu'ils ne vous ont fait aucun mal ni aucun tort. Ils sont accusés de rendre un culte à Dieu comme l'exigent l'Esprit et la Vérité[15]. Voyez quelles sont leurs souffrances ![16] James Halliday, enfermé depuis six mois, est un Ami[17] du Nord (de l'Angleterre[18]) et le geôlier abuse par trop de lui en le privant de sa nourriture et en le fouettant au point qu'il en est devenu

---

[12] James Halliday était tisserand à Allartown dans le Northumberland. Il avait fréquemment voyagé avec Patrick Livingstone. La date exacte de sa détention à la Forteresse de York n'est pas certaine.

[13] C'est un vouvoiement qui est en accord avec la pensée Quaker. Il y plus d'un membre qui siège au barreau, d'où cet emploi de « vous » et non de « thee » ou « thou » le tutoiement niveleur dont le mouvement Quaker exigeait l'emploi.

[14] Le ton impératif de cette lettre ne fait que confirmer le courage et l'audace d'Elizabeth Hooton. D'ailleurs c'est un ton qui caractérise la plupart de ses lettres.

[15] Emploi de ce mot avec une majuscule vise à rappeler sa signification religieuse Quaker. Toute cette phrase est une justification des souffrances Quakers. Ils souffrent au nom de leur devoir de conscience. Ainsi, ils se perçoivent comme les vrais disciples de Jésus Christ.

[16] Ce signe de ponctuation ici employé n'est pratiquement pas employé dans le texte de départ. Mais le ton général du texte l'impose en LA. Puisque Hooton exprime un sentiment fort qu'elle ressent pour la « souffrance » de Halliday et voudrait bien voir s'achever cette « souffrance ».

[17] Ce mot est orthographié avec une majuscule parce qu'il prend une signification spécifique appartenant aux tics langagiers Quakers.

[18] Il faut apporter cette précision. Le TD n'ayant pas précisé le pays.

couvert de bleus et de blessures. Nous vous demandons donc de libérer cette pauvre âme que le geôlier maintient en détention pour lui soutirer[19] de l'argent.

Elizabeth Hooton.

---

[19] L'emploi de ce mot illustre la corruption du geôlier objets des attaques de Hooton.

§§-5

À L'attention D'Oliver Cromwell[20]

Il a plu au Seigneur de faire de toi un instrument de guerre et de victoire et il t'a donné la force sur tes ennemis et les nôtres ; il a beaucoup confié entre tes mains et tu as été protégé, et tu t'es dressé contre plusieurs personnes et contre moi-même.

Tes[21] juges officient en échange de gratifications, et ici à la prison de York, plusieurs personnes ayant commis un meurtre s'en sortent grâce à leurs amis et à de l'argent tandis que les pauvres sont condamnés à mort sur de minces accusations. Plusieurs personnes sont gardées en prison faute de payer le geôlier pourtant ils appellent la session d'assises la grande libératrice de la geôle or, nombreux sont ceux qui ont été livrés entre les mains des deux tyrans que sont le geôlier et le greffier des assises en la présence des juges, pourtant ces derniers gardent plusieurs pauvres créatures en prison pour qu'ils continuent de les payer. Le geôlier a droit à vingt shillings et quatre pence et le greffier des assises à quinze shillings et huit pence ; et ceci, ils l'extorqueront de malheureuses créatures ou encore ils les laisseront mourir de faim en prison. Ils y sont retenus dans des conditions bien

---

[20] Elle écrivit cette lettre depuis la Forteresse de York où elle fut emprisonnée en 1653. En dénonçant avec virulence la corruption des juges, des magistrats des professeurs et du clergé qu'elle compare à Ponce Pilate et à Hérode, elle fait de la reforme du système judiciaire et pénitentiaire un de ses thèmes favoris de revendications, comme l'attestent ses écrits ainsi que son infatigable activisme en faveur des libertés individuelles.

[21] Au lieu du vouvoiement du Text de Départ le tutoiement employé en traduction est en conformité avec l'esprit niveleur du Quakerisme. Dans la mesure où la lettre débutait par l'emploi du tutoiement, son emploi était impératif ici. Pour plus d'explications linguistiques sur son emploi, voir ma thèse.

pires que celles de chiens par manque de paille et plusieurs d'entre eux sont si nécessiteux qu'ils n'ont rien du tout pour se soulager. Et pourtant, ces tyrans les maintiennent en prison dans ces conditions déplorables. Les juges et les magistrats auraient pu, eux aussi les condamner à mort au lieu de les remettre entre les mains de ces deux tyrans qui gardent ces hommes affamés dans un trou pour de l'argent jusqu'à ce qu'ils soient ruinés ou morts de faim.

Ô ! Homme que fais-tu là, sans défendre la Vérité qui est piétinée ? Qui sait si tu n'as pas été désigné pour sauver tes frères de la servitude et de l'esclavage, et pour que l'on puisse libérer la Vérité et pour qu'on en parle librement, sans payer ni lui fixer un prix…. Ô Ami ! Rabaisse-toi et jette ta couronne aux pieds de Jésus ! Comment peux-tu penser rechercher l'honneur de ton prochain sans rechercher l'honneur qui est conféré par Dieu seul ? Distribue aux pauvres, renie ton honneur, soulève la croix et suis Jésus Christ[22].

---

[22] Une expression devenue un cliché, souvent utilisée par les premiers Quakers comme une exhortation adressée à ceux qui s'attachent aux biens matériels et aux vanités du siècle.

A L'attention du Capitane Stodard, Chez Lui a Long Aley Dans Les Pres. Fait Ce Jour a Londres

Chers Amis [*papier déchiré*] à vous, à propos des assises. Mais nous, les trois sœurs, ne fûmes pas convoquées, par contre, ils nous gardent toujours en prison avec le reste de nos frères. Trois d'entre eux ont été convoqués, mais le juge corrompu leur a imposé des amendes pour avoir comparu avec leurs chapeaux[23]. Ainsi ils maintiennent en fin de compte la Vérité assassinée et ne se préoccupent pas de défendre la Vérité qui doit être proclamée, en nous enfermant. Certains de nos frères eurent l'audace de leur parler librement. Or, mon frère Thomas [Aldam], ils ne l'ont laissé ni rester ni parler. Mais nous autres, sommes condamnés à rester en prison par la volonté divine…. Si nous nous soumettions à leur vouloir[24], ils prendraient volontiers nos amendes, mais nous n'osons pas renier le Seigneur[25], car au moment qu'il choisira, il nous libérera du joug de la servitude humaine. Notre liberté est bien avec le Père et le Fils, et seul celui qui a été libéré par le Fils est vraiment libre… Ô ! Noble capitaine,

---

[23] Le refus de se découvrir constituait pour les Quakers l'un des témoignages éthiques de leur volonté d'affirmer l'égalité spirituelle de tous les êtres humains.

[24] Il s'agit de prêter serment d'allégeance à la couronne comme l'exigeaient les magistrats et les tribunaux de l'époque, sachant que les Quakers seraient incapables d'y souscrire, c'était le meilleur moyen de les envoyer en prison.

[25] Dans la souffrance comme dans la joie, la foi en Dieu des Quakers demeure inébranlable. Plutôt que de se laisser tenter par la corruption, comme le désire leur geôlier, les Amis préfèrent confier leur destin à la Providence Divine. Elizabeth Hooton met en évidence que le fait d'être en prison est une volonté de Dieu et non une volonté humaine. La notion d'humilité est associée à la droiture et à l'honnêteté.

le Seigneur t'a manifesté son amour et a fait de toi un instrument du bien pour son peuple. Maintenant, il ne te reste qu'à te lever pour la liberté de l'Évangile, pour que ceux qui l'ont gracieusement reçue puissent avoir la liberté de la prêcher et de la brandir au monde, qu'ils puissent abolir la prêtrise stipendiée et qu'il n'y ait plus de prêtres mercenaires. Car, par leurs mensonges, ils trompent les gens et dressent les magistrats pour nous persécuter, tandis qu'eux, clergé et noblesse terrienne se partagent la terre. Quant au peuple de Dieu, le pouvoir le persécute et le foule à ses pieds. Et ces magistrats corrompus qui n'ont pas le vrai sens de la justice gardent les pauvres en servitude et les persécutent à leur guise. Beaucoup d'entre nous sommes mis ici, en prison, sans que nous les ayons offensés. Considère donc ces choses, et selon que tu te sentiras mû [par l'Esprit], dis au Général [Cromwell] que la Vérité peut être proclamée au grand jour, bien que nous préférions attendre que se manifeste la volonté du Seigneur. J'avais envoyé des lettres au Général, et je voudrais savoir si elles ont été reçues ou non, et une autre au parlement, je voudrais savoir ce qu'elles sont devenues, si l'une d'elles a été lue ou non.

Elizabeth Hooton,
Prisonnière du Seigneur à la Forteresse de York[26]

---

[26] Cette lettre met en évidence l'exacerbation de la persécution dont pâtissaient les Quakers.

7

Plaidoyer Adressé à Celui Qui Est en Position D'autorite Pour Que Les Abus Dans des Prisons Soient Réformés

Ô, toi qui as été mis au pouvoir pour rendre la justice et ses jugements et pour libérer les opprimés ; ces choses sont requises de toi. Écoute les malheureux prisonniers. Il y a ici, ceux qui sont démunis d'argent bien qu'il y ait dans le pays une grande quantité d'argent, suffisante pour aider tous les nécessiteux, à la fois pour payer les indemnités dues au geôlier et donner du travail à ceux qui le souhaiteraient. Et que ceux envoyés ici pour cause de dettes reçoivent le prix de leur paillasse qui s'élève à dix sous (grots)[27] par semaine, réduit *[document déchiré]* à un tarif raisonnable. Et que le prix de leur bière qui est fixé à un prix si déraisonnable, *[papier déchiré]* que leurs mesures, qui sont si petites, puissent être modifiés *[papier déchiré]* et que l'équité soit rendue à plusieurs pauvres endettés mis en prison pour une petite dette et *[papier déchiré]* un très grand nombre doivent payer beaucoup plus que ce qu'ils doivent. C'est aussi un lieu de grand désordre et de vilenies, ainsi n'ai-je jamais vu un lieu où règne une telle tyrannie et obscénité, et ce parce qu'une méchante femme est la gardienne de cette geôle.

Ils nous oppriment, nous privant de viande et de boisson, nous extorquent de l'argent et effectuent ce qu'ils appellent des confiscations et tout le reste. Moi-même, je suis

---

[27] Ancienne pièce de monnaie anglaise, d'habitude orthographiée « GROAT ».

fort maltraitée par la femme du geôlier[28] ainsi que par ses prisonniers et ses domestiques au point que je ne puis me promener à l'extérieur sans être insultée par ceux qui font partie de sa maisonnée. Ainsi quand un ivrogne de prêtre vient lire la prière du jour ou encore prêcher selon son invention ou son imagination, ils m'enferment tandis qu'ils permettent à tous les autres de venir l'écouter, ainsi, suis-je maintenue hors de vue.

De plus, les hommes et les femmes passent ainsi la plupart de leur temps la nuit à boire, à proférer des grossièretés et à se dévergonder, toutes choses qui heurtent l'esprit de Dieu qui est en moi. Ô, homme, voilà ce qui est requis de toi : réformer cet endroit en vertu du pouvoir qui t'est conféré. Soit il te faudra interdire les boissons fortes dans ce lieu, soit renvoyer le geôlier. Deuxièmement, que soient baissés les prix demandés pour leurs paillasses. Et que soient abolis les pots-de-vin et les confiscations pour que ces prisonniers opprimés qui sont injustement enfermés puissent être entendus par la cour. Et qu'un ordre plus décent règne entre les prisonniers hommes et femmes, les maintenant séparés, et qu'on les mette au travail en libérant ceux qui ne sont pas capables de payer leur entretien et qu'on mette à l'écart les plus turbulents qui sèment le désordre en jouant aux cartes et aux dés, se livrant à plusieurs autres passe-temps inutiles. A ta conscience donc, je laisse le soin du redressement des désordres de cet endroit sauvage, ainsi

---

[28] Ce passage subite du « she » anglais à « la femme du geôlier » en TA permet de clarifier la référence à « she » qui aurait obscurci la phrase si la traduction littéralement « elle » était employée de préférence. De plus, il permet de marquer la frontière entre ce que le geôlier et sa femme font ensemble et ce qu'elle fait en dehors de leurs agissements communs. Hooton semble mettre l'emphase sur sa méchanceté à elle plutôt que sur celle du geôlier, d'où notre précision « femme du geôlier ».

libérant grandement ma conscience[29] *[document déchiré]* que tu puisses avoir connaissance de ces faits et les redresser.

Elizabeth Hooton,

Prisonnière à Lincoln Castle.

---

[29] Elizabeth Hooton évoque ici l'un des buts poursuivis par l'autobiographie spirituelle. Les Quakers se servaient de leurs *Journaux* pour libérer leur conscience, en s'auto-confessant. Tenir un *Journal* permettait à ceux-ci de s'identifier à des rôles bibliques et de purger leurs passions. Somme toute, le *Journal,* ou l'autobiographie, remplissaient une fonction cathartique permettant au journaliste d'effectuer en lui-même un nettoyage spirituel et psychique.

Adressé aux Amis et à L'attention de Tous Ceux Qui En Auraient Connaissance Pour Que Soient Connues les Souffrances et les Persecutions Qui Nous Sont Infligees en Nouvelle Angleterre

Ceci a pour but de porter à la connaissance des Amis et de tous ceux qui l'apprendraient les souffrances et les persécutions que nous avons subies en Nouvelle Angleterre. Moi, Elizabeth Hooton, fut mise à l'épreuve par les religieux de Boston et de Cambridge[30], qu'on nomme les Indépendants, qui, eux-mêmes durent précédemment fuir [les persécutions] des évêques Anglicans mais qui se sont comportés à plus d'un égard de façon pire que ces évêques-là. Ils oppriment le peuple de Dieu plus que ces évêques ne l'avaient fait pour eux. À cause de leur cruauté, leur nom est maudit dans le monde entier.

En 1661, le Seigneur m'enjoignit, moi et une Amie, Joan Brocksopp *[papier froissé et plié, écriture illisible]*, au nom de Dieu et de son peuple d'aller secourir ceux qui étaient durement persécutés. [Nous étions prêtes à ce que] Dieu désire que nous sacrifiions nos vies en témoignage de Jésus et par Amour pour leurs âmes afin qu'il y ait une chance qu'ils l'entendent et soient sauvés, qu'ils n'aient point d'excuses et que Dieu en retire Sa gloire, qu'également, leur sang ne retombe point sur nos têtes s'ils restaient sourds [à cette parole]. J'étais une femme âgée de plus de soixante ans quand je partis avec mon amie. Mais ils avaient établi des lois qui infligeaient une amende de cent livres à tout bateau qui amènerait un Quaker, avec l'obligation de les ramener [en Angleterre]. Par conséquent, personne ne voulait nous

---

[30] Il s'agit ici de Cambridge dans le Massachusetts et non en Angleterre.

transporter d'Angleterre jusque là-bas. Néanmoins, nous embarquâmes sur un bateau à destination de la Virginie. Lorsque nous arrivâmes, plusieurs bateaux refusèrent de nous emmener en [Nouvelle Angleterre] de sorte que nous dûmes voyager par voie de terre ce qui constituait un voyage dangereux. Toutefois, il plut à Dieu de nous faciliter le chemin grâce à un ketch[31] qui accepta de nous transporter une partie du chemin, d'où nous poursuivîmes le reste du voyage à pieds[32].

Lorsque nous arrivâmes à Boston après maintes difficultés, aucune maison ne voulut nous accueillir comme nous l'avions prévu en raison des amendes qui les puniraient. Nous risquâmes toutefois à la nuit tombée d'aller chez une Quakeresse. Une fois entrées chez elle, il plut au Seigneur que nous y passions la nuit car, la marée était montée si vite qu'il nous était impossible de repartir. Le lendemain matin nous

---

[31] Un type de petit navire.

[32] Mary G. Swift de Millbrook, New York, a effectué un travail approfondi sur les documents se rapportant à Hooton, suggérant qu'Elizabeth Hooton et Jane Brocksopp étaient les « deux Amies » mentionnées dans la lettre de George Rofe à Richard Hubberthorne (citée in Bowden, *Hist.* I 230), et qu'elles lui avaient tenu compagnie une partie du voyage de Virginie jusqu'à la Nouvelle Angleterre dans son « petit bateau ». À leur arrivée, elles se réunirent avec lui pour convoquer la première Assemblée Générale Quaker en Amérique qui eut lieu à Newport, Rhodes Island, en 1661. Il écrivit, « nous avions convoqué une Assemblée Générale », l'antécédent *nous,* désignant l'auteur et ses deux Amies. Dans les rapports qu'elle fait de cette visite en Nouvelle Angleterre, voir plus loin, n.67, Elizabeth Hooton affirme que « nous étions venues à Rhodes Island où était convoquée une Assemblée Générale pour la Nouvelle Angleterre ». Bishop nous parle de deux femmes à qui « le Seigneur avait fourni une occasion par le biais d'un tiers qui les transporta jusqu'à mi-chemin » *Nouvelle Angleterre Jugée*, p. 404). Whiting, relate dans *Truth and Inocency,* p. 109, qu'elles « arrivèrent à Rhodes Island où se tenait l'Assemblée Générale », il serait intéressant de définir avec certitude qu'Elizabeth Hooton a été impliquée dans la convocation de la première Assemblée Annuelle en Amérique, voir plus loin, n.67.

sommes donc parties à la prison rendre visite aux Amis emprisonnés. Mais, le geôlier et sa femme ivres de cruauté, ne nous laissèrent pas approcher la prison afin de les voir. Ils s'emparèrent de nous et il (le geôlier)[33] s'en alla trouver le gouverneur Endicott, devant lequel il nous fit comparaître. Ce dernier nous posa nombre de questions auxquelles le Seigneur nous donna le pouvoir de répondre, mais il délivra quand même un mandat d'arrêt ordonnant qu'on nous emprisonne. En effet, toute personne se réclamant du Quakerisme qui arrivait dans ce pays commettait un crime suffisant pour mériter la prison, même sans avoir enfreint la loi. Ainsi, quatre de nos Amis avaient été pendus 'en vertu de cette loi'[34] puisqu'ils savaient qu'en leur demandant s'ils étaient Quakers, ils répondraient par l'affirmative, ceci constituant un crime passible de la mort par pendaison. L'un d'eux appelé William Leddra avait été pendu depuis le retour des Stuarts en Angleterre alors qu'il avait demandé de faire appel auprès des tribunaux d'Angleterre, en dépit de quoi il avait été pendu. Et un autre[35] qui avait fait appel auprès de la cour de Boston avait obtenu une commutation de sa peine bien qu'il ait été condamné avec l'autre qui fut pendu.

Nous fûmes vingt neufs à être enfermés à la prison de Boston jusqu'à ce que la cour Générale siégeât. Lorsque se tint la session d'assises, ils nous firent comparaître devant plusieurs jurys et certains furent condamnés à la pendaison, d'autres encore devaient être fouettés, attachés derrière une charrette, d'autres enfin durent rester en prison jusqu'à ce qu'ils eussent trouvé comment se débarrasser de nous. Mais à

---

[33] Cette parenthèse, est indispensable pour clarifier la phrase, puisque dans la même phrase Hooton emploie le pluriel « ils » en parlant du geôlier et de sa femme.

[34] Les guillemets introduits dans le TA sont justifiés par l'ironie qu'Elizabeth Hooton manifeste concernant la notion de culpabilité qui n'était certes pas celle de ces Amis qui avaient été pendus.

[35] Le nom Wenlock Christison figure en marge du manuscrit.

la suite de cela, un autre jury fut convoqué qui nous condamna au bannissement à l'île française, mais cela fut invalidé. Un autre jury encore fut convoqué qui ordonna que nous fussions expulsés de cette juridiction escortés par des cavaliers armés d'épées, de bâtons et d'armes à feu. Ils nous escortèrent presque deux jours durant jusque dans une région sauvage où ils nous abandonnèrent la nuit entre de grands fleuves et à la merci d'animaux sauvages qui nous auraient dévorés. Cette nuit-là nous couchâmes dans les bois sans autre provision que quelques biscuits que nous avions amenés avec nous et que nous trempâmes dans l'eau pour les manger. Le Seigneur nous aida ainsi à nous sauver. Et les uns portèrent les autres sur leur dos pour traverser la rivière et nous nous échappâmes ainsi d'entre leurs mains.

Et leurs lois furent sans effets, que leurs noirs desseins à notre encontre, puissent se retourner contre eux. Ce fut une délivrance inoubliable ! Que le nom du Seigneur soit loué pour des siècles et des siècles. Car, leurs lois sont désormais invalidées et nous sommes libres. Car la terreur du Seigneur s'empara si fortement d'eux alors que nous étions emprisonnés attendant leur jugement, qu'ils étaient plongés jour et nuit dans une grande détresse comme Caïn l'était après avoir tué son frère Abel. Ils avaient mobilisé tous leurs soldats à travers le pays pour se défendre contre nous qui ne leur voulions aucun mal. C'est ainsi que nous arrivâmes à Providence et à Rhodes Island où une Assemblée Générale[36] avait été organisée par les Amis pour la Nouvelle Angleterre. Là, pendant une semaine nous nous réconfortâmes abondamment les uns avec les autres de sorte que les persécuteurs et les autorités religieuses de Boston furent terrifiés, à cause du sang des innocents qu'ils avaient versé,

---

[36] Ceci a dû être la première Assemblée Générale en Amérique, voir n. 65, et le rapport du 250ième anniversaire des débuts de l'Assemblée Annuelle de la Nouvelle Angleterre, célébré en 1911.

imaginant qu'une armée se dirigeait à leur rencontre ; ce n'était pas autre chose que la peur qui stupéfiait ces hypocrites, le courroux du Seigneur les ayant fortement frappés alors que nous étions en prison.

Nous prîmes alors un bateau à destination de la Barbade et quelque temps après nous fûmes poussées à retourner une nouvelle fois en Nouvelle Angleterre. Durant la traversée de ce pays, nous nous rendîmes la plupart du temps chez des Amis et nous sentîmes ensuite poussées de retourner à Boston pour y clamer à travers la ville que leur jugement avait été cassé. Alors les sergents de police nous arrêtèrent et voulurent me ramener au bateau, le détestable officier ajoutant que ç'aurait été un aussi grand plaisir et une joie de nous mener à l'échafaud. Nous retournâmes en Angleterre toutes deux à bord de ce bateau. Et ces hommes assoiffés de sang furent empêchés d'assouvir leurs désirs. Que le Seigneur soit béni pour des siècles et des siècles.

Et maintenant chers Amis, le Seigneur a ainsi voulu lors de ce premier voyage éprouvant, nous délivrer des mains de ces hommes sanguinaires, les empêchant de nous enlever la vie et nous permettant de retourner sauves au pays, contrairement beaucoup qui pensaient que nous ne reviendrions jamais en raison de la persécution extrême qui règne en ces pays et du triste exemple et des mauvaises incitations qui encouragent les méchants dans toutes ces contrées telles que la Virginie, et le Maryland ainsi que dans toutes les plantations hollandaises, ceux-ci pensant avoir déraciné la Vérité avec nous, ses adeptes.

§§-9
A L'attention des Amis

Chers Amis,

Mon départ pour Londres n'était pas à des fins personnelles[37] mais par obéissance envers la volonté de Dieu. Car il m'a été révélé alors que je me trouvais en mer, en train de grandement risquer ma vie, d'aller trouver le Roi en témoignage de mon engagement pour Dieu, qu'il veuille m'écouter ou non, je serai prête à sacrifier ma vie comme je l'ai fait à Boston si cela était nécessaire. Le Seigneur m'a guidée[38] en paix lors de mon voyage, Dieu ayant ainsi ordonné que la saisie de mon bétail me soit fort utile car, grâce à ceci j'ai eu le grand privilège de parler face à ces grands hommes. Ils n'eurent plus la possibilité de cacher leur rouerie et ils ne purent m'envoyer en prison quoique je dise car devant eux je leur expliquais comment j'étais persécutée et que je demandais justice, jugement et équité, jour après jour. Ainsi le bruit de la persécution résonna-t-il à travers toute la cour au milieu des soldats et de nombreux citoyens, campagnards et bateliers qui se trouvaient à la cour de « Whitehall » parmi lesquels je m'évertuais du matin jusqu'au soir. Il y avait là des personnalités importantes, et des prêtres ainsi que toutes sortes de gens.

Je suivis le Roi en m'écriant ainsi « O ! Roi, de toi, j'attends la justice car, dans ce pays je ne peux en attendre des

---

[37] Hooton manifeste ici un des traits de caractère. Sa constance envers ses Amis, même au milieu de ses tribulations. Elle n'hésitait pas à la moindre occasion de plaider la cause de ses Amis. Ici, la saisie de son bétail (incident catastrophique pour d'autres qu'elle) lui offre une nouvelle occasion de plaider la cause d'autrui.

[38] Dans la perspective du radicalisme protestant, la Providence Divine préside aux heurs et malheurs du quotidien. Comme l'illustre ce passage, la volonté humaine n'a que peu de poids dans le destin de l'homme.

magistrats ni des shérifs ou des baillis puisqu'ils ont saisi mes biens contrairement à la loi. » Ainsi, ai-je pu présenter les doléances de nos Amis dans tout le pays. La plainte des innocents est forte puisqu'ils ont établi des lois pour persécuter les consciences, et je suivais le Roi où qu'il aille avec cette plainte, celle des innocents demandant justice. Je le suivis deux fois au Court de tennis et lui parlai alors qu'il regagnait son carrosse, après avoir terminé sa partie. Certains de ses domestiques lurent mes lettres ouvertement en présence des autres. Le cocher du Roi lut l'une de mes lettres à haute voix et chez certains l'esprit de Dieu s'éveilla, prenant ma défense avec audace et courage contre les moqueurs faisant taire l'un des gardes qui éclata de rire, et contredisant mes détracteurs, ce qui les fit accuser d'être mes disciples. Ainsi donc, fut-ce là une occasion de servir le Seigneur.

J'attendais le Roi partout où il allait. Je le rencontrai dans le parc et lui remis deux lettres qu'il me prit des mains mais les gens firent des murmures réprobateurs car je ne m'étais pas agenouillée en signe de révérences[39]. Mais, je partis marcher près du Roi lui parlant en même temps. Toutefois, je n'obtins pas de réponse à mes lettres. J'attendis donc plusieurs jours une réponse, et guettai à la cour le moment où il se dirigerait vers son carrosse. Alors certains soldats me manifestèrent leur sympathie et me laissèrent parler au Roi. La force de Dieu s'éleva en moi et je m'adressai librement au Roi et à ses conseillers expliquant que j'attendais que justice me soit rendue et attendais qu'il réponde aux questions soulevées dans la lettre que je lui avais remise. La force de Dieu s'éleva en moi et la présence de Dieu se manifesta chez

---

[39] Une fois de plus, Elizabeth Hooton étaie le principe niveleur des Quakers. Elle n'avait pas à faire des révérences au Roi parce qu'elle ne voyait absolument pas de différence entre le Roi et elle.

plusieurs de ceux qui me répondirent, tandis que de mauvais esprits objectaient que c'était le diable qui parlait en moi, des personnes présentes en répondaient qu'ils auraient bien voulu avoir cet esprit, ajoutant qu'ils seraient mes disciples parce qu'ils parlaient en défense de la Vérité. Et la puissance de Dieu descendis sur eux tous et j'eus largement le temps de dire ce que le Seigneur m'ordonnait jusqu'à ce qu'un soldat vînt m'emmener, disant que c'était la cour du Roi et que je n'avais pas le droit d'y prêcher. Mais, je continuai de proclamer [la Vérité] en traversant les deux cours, et ils me firent sortir au-delà des grilles. Puis, me vint l'idée de me procurer une veste de toile à sac et il m'apparut clairement comment je la revêtirai. Nous cousîmes donc cette veste et le lendemain matin je fus poussée à nouveau d'aller parmi eux, à Whitehall, vêtue de toile de sac et couverte de cendres[40]. Les gens en furent fort frappés, y compris des grands personnages et des dames qui furent réduits au silence, l'esprit de Dieu s'éveillant chez plusieurs d'entre eux et je me délectai parmi eux jusqu'à ce qu'un soldat vint m'écarter, disant qu'il ne me fallait pas prêcher en ces lieux. Mais je fus poussée à vaticiner tout le long du chemin jusqu'à Westminster Hall à travers une bonne partie de la cour du palais de justice. Je me déclarai contre les avocats, proclamant qu'ils étaient iniques dans l'exécution de leur profession, exhortant tout le monde au repentir, de sorte qu'ils n'ont plus d'excuse même s'ils n'entendront rien d'autre. Mais, le Seigneur prépare d'autres dans ce même but. Et moi, Il a fait de moi un instrument pour frayer le chemin afin que d'autres puissent pratiquer le même exercice spirituel. Puisqu'ils sont en train de remplir leurs mesures[41] faites d'orgueil, de luxe, de cruauté, de

---

[40] Cette expression idiomatique désigne un comportement très Quaker. Ces témoignages éthiques étaient une façon d'affirmer sa foi. Cf. Note infra-paginale n° 13.

[41] Elizabeth Hooton, à la fin de sa lettre, paraphrase l'Apocalypse de saint Jean.

persécutions et de luxure, outre toutes sortes de péchés qui comblent leurs mesures, le Seigneur lui aussi remplit ses fioles de courroux pour les déverser sur le trône de la bête. Que tous les Amis restent fidèles, courageux, et vaillants selon les circonstances. C'est ce que Dieu vous a manifesté car une couronne de vie[42] est réservée à tous ceux qui restent fidèles.

Elizabeth Hooton

Londres le 17ième jour du 8ième mois 1662.

---

[42] Idée millénariste par excellence. La promesse d'un règne de mille ans de bonheur avec l'avènement du messie est reprise ici par Hooton.

Adressée à Ceux Qui Sont Juges Ou Magistrats à La Cour

[…] Prenez garde à ce que vous faites de peur que le Seigneur ne se dresse dans la férocité de son courroux et ne vous trouve en train de maltraiter vos semblables, serviteurs de l'Éternel, et que vous n'insultiez point honteusement ceux qui font le bien tout en laissant les méchants en liberté. Vous avez monté ces méchants contre nous pour nous spolier de nos biens et nous mettre en prison parce que nous célébrions le Seigneur. Et vous retournez vos glaives contre nous, ce que le plus grand des pouvoirs ne saurait faire. Ainsi vous ridiculisez-vous aux yeux de toutes les personnes intelligentes et raisonnables…. Dieu ne se laissera pas bafouer, car vous moissonnerez ce que vous avez semé. Les pleurs des innocents résonneront dans les oreilles du Seigneur et il châtiera les méchants atrocement. Alors vos jours de gloire se transformeront en jours de deuil, de pleurs et de gémissements. Oh ! Prenez ceci vite en compte avant qu'il ne soit trop tard ! Au lieu de démolir les maisons du peuple de Dieu, démolissez les bordels et les théâtres qui maintiennent les gens dans la vanité et le vice. Vous laissez présentement la voie libre à tout ce qui est vil tandis que vous faites obstacle de toutes vos forces à la droiture, à la vertu et à la sainteté. Oh ! Quelle nation deviendra celle-ci, si vos volontés se réalisent ? Allez dans Smythfield et vous y verrez combien s'y trouvent de théâtres[43] et combien de gens mauvais s'y rendent

---

[43] Dans ce contexte, Hooton laisse entendre qu'il s'agit d'une maison close. Ce passage est également révélateur du rejet par les Quakers de toute imitation du réel. Pour ceux-ci, toute imitation était synonyme du mensonge.

en foule. Ceci peine l'esprit du Seigneur résidant dans le cœur de son peuple et observant le vice qui règne dans cette ville.

Je suis éprise [du salut] de vos âmes et suis envoyée pour vous avertir.

Elizabeth Hooton

11

Deuxieme Voyage en Nouvelle Angleterre

Je fus par la suite mue par le Seigneur et son esprit m'ordonna de me rendre à nouveau en Nouvelle Angleterre et j'y amenai ma fille pour qu'elle assiste là-bas à mon deuxième témoignage. Une fois là-bas, lorsque les persécuteurs apprirent que j'étais arrivée, ils voulurent condamner le capitaine du navire, à une amende de £100. Mais, celui-ci leur répondit que j'avais rencontré le Roi et étais venue ici pour acheter une maison, de sorte que cela les empêcha de saisir les biens de ce capitaine. Après avoir passé quelque temps dans ce pays parmi les Amis, je me rendis donc à Boston pour y acheter une maison et comparut quatre fois de suite devant leur tribunal mais, incités par James Oliver, un persécuteur qui était l'un de leurs dirigeants, ils me refusèrent la vente devant le tribunal. Ainsi, je leur dis que s'ils s'opposaient à ce que j'achète une maison, le Roi nous ayant promis entière liberté de pouvoir acheter dans n'importe laquelle des plantations outremer, j'irais en Angleterre lui exposer ce problème si Dieu le voulait.

Puis, lorsque je les eus quittés, je partis vers l'est, à Pascatua où je fus emprisonnée pour avoir témoigné contre Seaborn Cotton[44], un prêtre qui avait ordonné à son homme d'aller saisir chez l'un de nos Amis[45] une vache (une génisse[46]

---

[44] Seaborne Cotton était le fils de John Cotton (1584-1652), célèbre prédicateur puritain de Boston. Sa femme était fille de Simon Bradstreet, jadis gouverneur de la colonie de Massachusetts, Cotton était prédicateur à Hampton et de ce fait entretint des relations conflictuelles avec les Quakers et leur doctrine.

[45] Eliakim Wardell habitait Hampton. Il était l'un de ceux qui furent persécutés pour avoir accueilli des missionnaires Quakers. Sa femme Lydia, « étant une jeune femme tendre et chaste…. Témoignant en leur faveur, elle partit déambuler nue parmi les gens ». Bishop offre le

de deux ans) alors que notre Ami ne lui devait rien. Ses ouailles avaient par ailleurs saisi à deux pauvres hommes : Eliakim Wardill et John Hussey[47], presque toute la terre qu'ils possédaient à cause d'une amende à laquelle ils avaient été condamnés pour n'avoir pas assisté à leur culte. À l'un, ils avaient saisi toutes les grosses vaches qu'il possédait en plus d'un gros veau dont ils se régalèrent, outre 12 boisseaux de blé et des provisions pour lui et ses enfants qui furent également saisis. Et ils menacèrent de lui enlever ses enfants et de les vendre pour £10 qu'ils exigeaient de lui. J'y fus aussi emprisonnée ainsi qu'à à Salem où Haythorne[48], leur dirigeant, fit fouetter quatre Amis, me faisant également rechercher. Bien que j'aie été poussée d'aller vaticiner à travers la ville, il n'eut jamais la possibilité de me faire du mal. Ainsi à Dover, Piscatua, pour avoir posé une question au prêtre Rayner après qu'il eût fini [son prêche], ils me mirent au pilori, Richard Walden étant alors magistrat remplaçant à Dover. (Sa femme plaida malicieusement en faveur des Amis) et ils m'enfermèrent pendant quatre jours d'un hiver glacial mais le Seigneur m'accorda son soutien et préserva ma vie, les services que je lui rendais étant bénéfiques, renforçant le courage des Amis et ne laissant aucune excuse à [ceux qui ne

---

commentaire suivant : « on peut considérer ceci comme leur pierre d'achoppement ou plutôt comme une manifestation de leur entêtement, refusant de se convertir après qu'on leur eût donné nombre d'exemples et d'avertissements » Cf. *Nouvelle Angleterre jugée*, p. 376.

[46] Les mots figurant entre parenthèses ont été rajoutés au manuscrit avec une autre écriture.

[47] John Hussey et sa femme Rebecca née Perkins vivaient près des Wardell à Hampton.

[48] Le Capitaine William Hathorne était magistrat à Salem. Son descendant, le romancier, Nathaniel Hawthorne, (1804-1864) parlant de lui, dit : « il était un persécuteur féroce comme en témoigne les Quakers qui se souviennent de lui dans leur histoire ». in *Le bureau de douane* in *JNL.* F.H.S. xii. Cf. Bishop, *op. Cit. ;* Felt, *Les Annales de Salem*, 1842.

voulaient m'entendre]. Ainsi, endurai-je une tempête hivernale violente et plus de persécutions que je ne puis relater. Après cela, je repartis à Cambridge où ils avaient une très grande soif de sang puisqu'à ma connaissance, aucune autre personne[49] n'y avait jamais été pour prêcher. J'y prêchai le repentir à travers une partie de la ville. À cause de cela, ils m'arrêtèrent et très tôt le lendemain matin, me conduisirent devant Thomas Danford et Daniel Goggins, deux des magistrats qui, avec leur geôlier, m'incarcérèrent pendant deux jours et deux nuits dans un cachot obscur, sans me donner ni eau ni pain. Mais, un Ami (Benanuel Bowre[50]) m'apporta du lait, en échange de quoi ils le jetèrent en prison parce qu'il nourrissait une étrangère et le condamnèrent de surcroît à une amende de £5. Au terme de deux jours ils m'envoyèrent chercher pour que je me présentasse au tribunal où ils m'interrogèrent sur ceux qui m'avaient reçue. Je leur répondis que si j'avais été frappée à leurs portes, j'aurais vu s'ils m'auraient reçue car j'étais épuisée par mon voyage et ajoutai-je « c'était un devoir de nourrir les étrangers, je leur demandai alors s'ils m'auraient reçue et ils m'assurèrent que non. Alors leur dis-je, « vendez-moi une maison ou louez-m'en une pour que je puisse nourrir les étrangers », et je leur répétai la promesse du Roi concernant les libertés dont nous devions jouir outremer mais, ils l'ignorèrent. En revanche, ils émirent un mandat pour que je sois fouettée en tant que

---

[49] Sous-entendu aucun autre Ami, Quaker.
[50] Benanuel Bowre de Cambridge Massachusetts était à l'origine un Baptiste qui se convertit par la suite avec sa famille au Quakerisme. Une correspondance citée in *Friends' Intelligencer*, 1887, p. 243 (copié dans *The Friends* (Philia) la même année), note qu'à Cambridge, « Thomas Danford, trésorier et magistrat du comté avait l'habitude de persécuter Benanuel Bowers quand il était à court d'affaires. Puis, il en consignait longuement le détail dans ses registres ».

Quakeresse vagabonde[51] de 10 coups de fouet dans trois villes au poteau de correction à Cambridge, dix autres à Watertown et encore dix autres attachée derrière une charrette à Deddam. Le fouet était une corde à trois bandes terminée par trois nœuds, à Watertown ce fut avec une poignée de verges de saule par un matin glacial, puis ils me mirent sur un cheval et m'amenèrent à plusieurs miles de là dans un endroit désert où se trouvaient nombre d'animaux sauvages y compris des ours et des loups, et des rivières profondes que je dus traverser à grande peine. Mais le Seigneur me délivra et bien que ce fût la nuit et que je dusse parcourir 20 miles, il me donna la force de vaincre mes tribulations et mes peurs, bien qu'ils m'aient amenée là pour que j'y fusse dévorée, disant qu'ils étaient sûrs de ne plus me revoir.

Ayant été ainsi délivrée, je partis parmi d'autres Amis après m'être exposée à beaucoup de dangers en raison de rivières périlleuses. Après cela, je partis pour Rhodes Island chercher ma fille, mes vêtements et d'autres effets personnels, ce qui représentait environ 80 miles. Lorsque nous arrivâmes pour prendre mes vêtements, Thomas Danford émit un mandat pour que les exempts de Charlestown nous appréhendent ainsi qu'une de leurs habitantes, Sarah Coleman, une vieille femme de Scituate où il nous avait rencontrées dans le bois sur le chemin du retour et nous avait demandé si nous étions Quakers car, il affirmait avoir un mandat pour appréhender les Quakers.

---

[51] La correspondance mentionnée ci-dessus a été recopiée telle quelle du mandat figurant dans les rapports officiels du tribunal de Cambridge. Il apparaît également dans le périodique cité plus haut. Plus loin, il écrit, « voici ce qu'il y a à dire en faveur des vieux puritains, ils ne traitèrent point les Quakers de manière pire que les leurs, lorsqu'ils étaient accusés d'hérésie. A plusieurs reprises, ils donnèrent aux prévenus le choix, soit de payer une amende, soit de recevoir des coups de fouets. J'ai trouvé un cas où ils fouettèrent un homme une seconde fois, simplement parce qu'il avait invité un ami à venir assister à sa flagellation ».

- Aussi lui demandai-je : Arrêteras-tu quelqu'un sans savoir qui il est ni pourquoi ?

- Je suppose donc que vous êtes des Quakers, en ce cas je vous arrête au nom de sa majesté. Me répondit-il.

- Quelle majesté ? Lui demandai-je.

- Le Roi. Me rétorqua-t-il.

- Tu viens de mentir puisque j'étais avec le Roi plus récemment que toi et le Roi n'a point fait de lois semblables, lui répondis-je, alors.

- Je dois vous amener à Cambridge, nous dit-il.

Mais, l'Amie qui y habitait lui répliqua qu'elle n'irait pas sauf s'il la portait. Une charrette vint alors à passer et il ordonna à ses propriétaires de l'aider à nous y mettre. Ils nous emmenèrent à Cambridge, chez Daniel Goggings. Mais, Goggings ne rentra pas avant la tombée de la nuit. La nuit tombée, ils nous présentèrent à Goggings ; une bande de méchants théologiens de Cambridge s'y trouvaient, les mêmes qui m'avaient insultée les deux fois précédentes.

- Nous vous avions dit de ne pas revenir par ici, n'est-ce pas? Questionna Goggings.

A cela, je lui répondis que j'avais été amenée là de force dans une charrette, et que je venais chercher mes vêtements car ils ne m'avaient pas laissé les prendre avec moi. Ainsi, il demanda à la femme qui y résidait si elle me connaissait et elle répondit qu'elle ne connaissait que la Vérité. Il prit alors sa déposition en tant que Quakeresse vagabonde, sans domicile fixe. Et pourtant elle habitait à deux pas de chez lui et il ne l'ignorait pas. A ma fille, il demanda :

- Possèdes-tu la même religion que ta mère ?

Elle ne répondit pas. Et il l'enregistra comme une Quakeresse vagabonde, sans domicile. Et moi, Elizabeth Hooton, fut enregistrée comme Quakeresse vagabonde alors que j'avais l'intention d'acheter une maison dans leur communauté. Ceci se passa la nuit, la maison étant pleine d'érudits de Cambridge, ressemblant à un repaire d'oiseaux impurs et odieux[52], qui proféraient des grossièretés, que ces maîtres de l'université et ces fils de prêtre se moquant de la vieille Sarah Coleman qui les avait nourris dans le passé avec toutes sortes de bonnes choses qu'elle et son mari s'étaient procurées. Et ils lui dirent qu'elle serait fouettée avec une corde à lanières avec des nœuds aux bouts. Son mari était un cordonnier qui leur avait offert la fabrication et la réparation de leurs chaussures. Ainsi était-elle récompensée du bien par le mal. Ils nous envoyèrent donc tous à la maison de correction pour la nuit. C'était un lieu glacial, sans toit, où nous ne trouvâmes rien d'autre qu'un peu de paille souillée et un drap sale pour passer la nuit.

Ainsi, très tôt le matin avant qu'il ne fasse jour, le bourreau arriva. Il appartenait à leur église et m'avait déclaré auparavant que le gouverneur de Boston et les magistrats étaient son Dieu. Je lui avais répondu que trop de dieux et trop de maîtres rendent aveugles les sots, les prêtres et le peuple. Il était venu nous demander si nous voulions être fouettés en public ou ici, en bas. Je lui demandai s'il ferait couler notre sang pendant la nuit avant que les gens ne se lèvent pour voir ce qu'il faisait. En réponse, il enferma les autres [dans une pièce] en bas et m'emmena disant que j'étais une habituée de ce châtiment parce que je l'avais déjà subi. Il m'attacha alors les mains au poteau, faisant venir deux hommes comme témoins que j'avais été fouettée avant qu'il ne fasse jour. Puis, il fit descendre Sarah Coleman qui était,

---

[52] Cette phrase, « un repaire de tout oiseau impur et odieux » est d'origine biblique : « Babylone la Grande ! Elle est devenue.... Un repaire de tout oiseau impur et odieux », voir Apocalypse XVIII : 2. Elle était souvent utilisée par les premiers Quakers pour stigmatiser leurs adversaires. Francis Bugg (apostat du Quakerisme, établit que George Fox l'avait utilisée « vers 1662 » pour se référer à « l'Église Anglicane ». in, *Pilgrim's Progress from Quakerism to Christianity*, London, 1698, p. 130.

me semble-t-il, plus âgée que moi. Il la fouetta, puis ce fut le tour de ma fille. En somme, nous reçûmes chacune 10 coups d'un fouet à trois lanières, terminées par des nœuds. Alors, s'adressant à ma fille, « n'es-tu pas contente que ton tour arrive ? lui dit-il, elle répondit qu'elle l'était. Ils lièrent alors ses mains de façon très serrée, appuyant beaucoup sur ses bras. Sur ces entrefaites, Daniel Goggings le magistrat sortit ma Bible à la main parce qu'elle contenait l'épître aux Laodicéens[53]** et d'autres révélations concernant la corruption de la traduction biblique. Puis il me demanda si je pouvais lui promettre de m'en aller à Scituate. Je lui répondis que je me soumettrais à la volonté du Seigneur et d'autres paroles encore, lui demandant pourquoi il nous faisait fouetter sans aucune justification. Mais il se précipita pour émettre un autre mandat afin que l'exempt nous emmenât fouetter dans deux autres villes. L'exempt désigna des gens pour nous accompagner, mais Sarah Coleman était incapable de bouger alors il fit amener un cheval et le même jour ils nous traînèrent de ville en ville.

De sorte que, lorsqu'on arriva à Unketty, l'exempt pris conscience de la cruauté de cette mesure aussi il prit le mandat et partit à Boston avec, laissant l'un de nos Amis nous accompagner. Nous fûmes ainsi persécutées de ville en ville jusqu'à notre arrivée à Scituate. Après cela donc, je retournai à Boston. Il y avait là un jeune homme originaire du Nord de l'Angleterre qui avait été appelé à aller dans leurs

---

[53] Ceci fait sans doute référence à l'un des premiers tracts, un *in-quarto* non daté, publié par les Amis, intitulé : *Something concerning Agbarus, the Prince of the Edesseans… Also Paul's epistle to the Laodiceans…. As also how Several Scriptures are corrupted by the Translators.*

** Référence biblique. Ville commerçante de la Phrygie en Asie mineure, sur les bords du Lycus. Son église fondée vraisemblablement sans le concours de Paul, entretenait des rapports avec celles de Colosséens et d'Hiérapolis, ville voisine (Colosséens 4 : 13-16). Laodicée est l'une des 7 Églises mentionnées dans l'Apocalypse (Ap. 3 : 14-22). *Bible*, (Ségond, p. 1270).

églises pour y briser deux bouteilles sous leurs yeux afin de symboliser la manière dont ils seraient eux-mêmes brisés. Ils s'emparèrent violemment de lui et lui donnèrent 10 ou 12 coups de fouet sur la place devant le gros canon de Boston et autant à la maison de correction, puis, le lendemain matin ils le chassèrent. Je fus également appelée par le Seigneur à aller vêtue d'un sac et des cendres sur la tête, manifester contre eux chez Indicot[54]. Ils me mirent à la porte, et remplacèrent Indicot comme meneur des persécutions, par Bellingham, aussi fus-je poussée à aller chez Bellingham qui était son adjoint, et là, je témoignai contre le sang des innocents qu'ils faisaient verser. Alors ils me firent entrer et devant eux, je libérai ma conscience, puis il rédigea un arrêt pour que l'on m'envoyât en prison et que l'on me fouettât attachée au poteau. Je leur dis alors qu'on atteignait le comble d'une persécution que leurs frères en Angleterre avaient laissé inachevée. Ainsi leur mandat stipulait que je sois fouettée dans deux autres villes : Rocksbury et Deddam où je devais recevoir dix coups de fouet dans chaque ville. Arrivée à Rocksbury, l'exempt nous rencontra avec l'autre Ami qu'il amenait pour être fouetté derrière une charrette et nous fûmes fouettés ensembles. Quand ils eurent fini avec nous, je proclamai mon témoignage et nous rencontrâmes le prêtre de

---

[54] John Endicott (c. 1588-1665), fut le premier gouverneur de la Nouvelle Angleterre. Il est entré dans l'histoire du Quakerisme en Nouvelle Angleterre comme l'adversaire et le persécuteur par excellence des Quakers. Pour plus de détail, Cf. *Annals of Salem*, 1845, où se trouve son portrait sous la rubrique : *Chronique des Pères Pèlerins* ; *Jnl. F.H.S. xii.* ; *etc.*. Son nom est écrit tantôt Endicott et tantôt Indicot. A sa mort, Elizabeth Hooton ne put s'empêcher d'aller exhorter les membres de son cortège funèbre à abandonner leurs persécutions, sans oublier de mentionner le jugement Providentiel auquel était soumis le défunt, comme en témoignait les tristes circonstances dans lesquelles il était mort. Elle fut bien entendu arrêtée et emprisonnée pour avoir agi ainsi.

la ville qui proposa de suspendre notre châtiment et je lui demandai pourquoi. Il répondit que c'était parce que nous recevions £5 chaque fois que nous étions fouettés. Je lui demandai où nous devions les recevoir et il me répondit en Angleterre. Bande de menteurs leur rétorquai-je. L'exempt qui nous accompagnait avait égaré ses deux mandats et lorsque nous arrivâmes à Deddam, il partit chez un autre de nos persécuteurs pour lui demander de délivrer un autre mandat en remplacement de celui qu'il avait perdu afin de remplir sa mission. Cette fois-là, ils nous attachèrent, tous deux : le jeune homme et moi, derrière une charrette et bien qu'il faisait froid, ils nous déshabillèrent jusqu'à la taille comme d'habitude puis ils nous fouettèrent et nous amenèrent de là à Medfield où ils auraient bien voulu nous fouetter encore, ce que le prêtre du lieu désirait ardemment, tant il avait soif de notre sang, mais ne put l'obtenir. Alors l'exempt arborant sa rapière, partit avec un autre homme nous accompagner dans les bois en dehors de leur juridiction où ils nous firent parcourir 20 miles dans la nuit, au milieu des ours, et d'autres animaux sauvages sans parler des rivières profondes. Mais, nous fûmes préservés. Et lorsque l'exempt me vit revenir, il s'étonna et leva les mains au ciel en disant qu'il ne se serait jamais attendu à me revoir. Ils nous expulsaient d'habitude vers Rhodes Island, qui était pour nous un endroit de liberté.

A la suite de cela, je me rendis dans l'un de leurs lieux d'assemblée où j'interpellai le prêtre à la fin de son prêche, lequel m'envoya en prison, mais sa femme ne voulut pas le laisser en paix tant qu'il ne me libérerait pas. Alors je partis à la campagne parmi les Amis. En revenant, je fus poussée par le Seigneur d'aller dans un autre lieu de leurs assemblées où je me tins immobile jusqu'à ce qu'ils aient fini, pendant ce temps-là ils m'insultèrent tandis que j'étais debout parmi eux. Après que le prêtre eut terminé [son sermon] je posai une question au prêtre alors, les gens : jeunes et vieux, se ruèrent sur moi et me jetèrent à terre. Je leur dis alors que ceci était le fruit de leur ministère, et je réfutai leurs lois qui étaient contraires à celles de Dieu et du Roi. Et l'un de leurs magistrats me dit que c'était la loi du diable si saisir la vache d'un pauvre homme était contraire à la loi divine. Donc, pendant deux jours et deux nuits je fus emprisonnée et ils m'amenèrent devant Billingham, le magistrat adjoint qui me condamna à être fouettée derrière une charrette, depuis la porte de la prison jusqu'aux confins de la ville, puis à être expulsée ainsi hors de sa juridiction, sur une distance d'environ 20 à 30 miles. Ils me flagellèrent alors jusqu'aux confins de la ville et me dirent que la prochaine fois que je reviendrais, je serais pendue conformément à la loi qu'ils avaient passée. De sorte que, lorsque les commissaires du Roi vinrent à Boston, ils souhaitèrent que nous leur rendîmes visite. Alors, d'autres Amis et moi partîmes à cheval pour Boston et ils saisirent mon cheval ainsi que celui de Windlocks pour transporter ces commissaires hors de la ville. Bien que nous fussions appelés des vagabonds Quakers, je fus obligée de parcourir environ soixante miles en direction de Rhodes Island et ils n'eurent pas le pouvoir de se servir de leur loi à mon encontre. Ceci ne fut pas un voyage dangereux pour moi seule, mais également il le fut pour la personne qui m'accompagnait. Bien que le Seigneur nous eût miraculeusement délivrés, lors de ce voyage-là, je faillis perdre la vie, frôlant des dangers indicibles. Que Son nom glorieux soit loué pour des siècles et des siècles, car le but ultime de leurs manœuvres envers nous, visait à nous assassiner.

Ils maltraitèrent ainsi 7 ou 8 autres Amis venus d'Angleterre. Ils nous fouettèrent sauvagement après nous avoir labouré le corps à coups de fouets, ils nous imposèrent des amendes, nous jetèrent en en prison, et nous expulsèrent dans des lieux déserts où la neige était si profonde qu'il n'y avait pas de pistes hormis les traces laissées devant nous par des loups. A plusieurs reprises, je faillis perdre la vie à cause du froid hivernal et des périls du voyage. C'est ainsi qu'ils nous traitèrent, nous, des Anglais, ils nous qualifièrent de bandits vagabonds et de Quakers errants sans domicile fixe, alors que nous étions d'authentiques Anglais appartenant à leur propre Nation. Pourtant, les Indiens, qui sont un peuple « barbare » et sauvage ne connaissant ni Dieu ni Christ dans aucune de leurs religions, manifestèrent le désir de nous accueillir dans leurs wigwams ou maisons alors que ces religieux fanatiques cherchaient à nous[55]. En revenant à nouveau de mon dangereux voyage pour chercher mon cheval que les commissaires du Roi auraient refusé s'ils en avaient trouvé un autre, ils me mirent en prison. Ils me sortirent de la prison la nuit et m'amenèrent sur un bateau ayant appris que j'avais l'intention de m'en aller. Très tôt le matin ils envoyèrent leurs exempts chercher les Quakers. Ils trouvèrent quatre de nos Amis au lit et les conduisirent devant leurs, Bellingham[56] et les autres. Ils leur demandèrent pourquoi ils étaient venus chez eux, lesquels répondirent que c'était pour voir les commissaires du Roi. Mais, ils leur rétorquèrent qu'ils finiraient par fouetter les Commissaires attachés sur le dos des Quakers. C'est ainsi qu'ils nous fouettèrent cruellement dans trois villes différentes et nous conduisirent hors de leur juridiction tout en gardant en prison celui qui était résident de ce pays. Alors, les commissaires

---

[55] Ces quelques lignes sur les Indiens d'Amérique ne sont pas méprisantes à leur égard. Elles visent plutôt ces Chrétiens qui pratiquaient la barbarie et la sauvagerie qu'eux-mêmes attribuaient aux Indiens. Ce même argument sera utilisé par George Fox dans son pamphlet adressé « au grand Turc » l'exhortant à pratiquer moins de cruauté contre ses semblables ainsi que l'enseigne le Coran.

[56] Richard Bellingham (c. 1592?-1672) fut gouverneur adjoint du Massachusetts à compter de 1635. Il devint gouverneur à la mort de John Endicott en 1665. Il occupera cette fonction jusqu'à sa mort en 1672.

furent outrés par ce qui leur était fait, car ils savaient que cette hostilité était dirigée contre eux autant que contre nous, mais ils n'osèrent les traiter de la même manière que nous, de peur que la mère patrie ne se dresse contre eux. Puisque, notre royaume n'est pas de ce monde, ses serviteurs ne se battront point[57], en revanche, nous avons dédié notre cause à Dieu qui l'a défendue pour nous et la défendra pour sa plus grande gloire. Eux, pour défendre leur foi, ils avaient, outre des persécuteurs, des geôles, des fouets, des amendes, le bannissement ainsi que leurs potences auxquelles ont été pendues quatre d'entre nous, et leur pouvoir de nous pourchasser dont la force s'éteindra à mesure que se lèvera une autre puissance, supérieure à la leur. Ainsi se présentait la religion en Nouvelle Angleterre, fort cruelle, bien plus que je ne saurais la décrire. Une cruauté dont je fis les frais alors que j'étais une femme âgée d'une soixantaine d'années environ. Si le Seigneur ne s'était trouvé à mes côtés, j'aurais totalement échoué.

Béni soit le Seigneur pour des siècles et des siècles, le Seigneur qui m'a ramenée une nouvelle fois en Angleterre, mon pays natal, parmi le peuple de Dieu où nous nous délectons ensemble pour que je ne puisse oublier sa miséricorde dont le Nom est inscrit dans la chair.

Elizabeth Hooton

Ce que je viens de décrire est l'œuvre des descendants de Caïn[58], dont une partie s'est exercée contre des innocents. Ainsi s'achève mon récit pour l'instant.

---

[57] Réitération de l'idée de non-violence et du pacifisme militant ; une idée cardinale du mouvement Quaker.
[58] Hooton fait référence ici au personnage biblique dont la méchanceté symbolisait la pire des vilenies. Sur le symbolisme de Caïn, voir *le Dictionnaire des symboles* Chevalier (J) et G. Alain, Robert Laffont/Jupiter : Paris, 1995.

Adressée au Roi et à Son Conseil[59]

Ceci est pour vous permettre de comprendre de quelle façon j'ai servi Dieu et le Roi et ses commissaires envoyés en Nouvelle Angleterre. Mon message de la part du Seigneur consistait à témoigner sa Vérité contre les persécuteurs qui avaient fui les évêques [anglicans], refusant d'être eux-mêmes persécutés. Or, désormais en Nouvelle Angleterre, ils sont devenus de pires persécuteurs que ne le furent les évêques anglicans; imposant des amendes, des emprisonnements, le bannissement, la flagellation et la pendaison de gens qui étaient arrivés d'Angleterre, les accusant d'être des vagabonds Quakers. Ils appelaient leurs propres compatriotes des vagabonds. Lorsque le Roi envoya ses commissaires dans ce pays, je m'y trouvais, y ayant été fort souvent emprisonnée, fouettée, et souvent expulsée dans des endroits déserts et abandonnée de nuit au milieu des bêtes sauvages. Dieu, cependant, me préserva bien que j'eusse à parcourir plusieurs miles parmi ces bêtes sauvages et plusieurs grands fleuves à traverser. Maintenant que les commissaires du Roi étaient arrivés, ils ne voulurent pas les recevoir aussi aisément que l'avaient fait nos Amis. Les commissaires donc, ne voulurent pas remettre leurs vies entre ces mains comme ils l'avaient fait avec nos Amis. Bien plus, ces gens avaient promulgué un décret contre ces derniers, pour se soulever contre eux en vingt quatre heures et les molester. Lorsque j'appris cela, je partis trouver plusieurs membres de leur Église et les avertis de prendre garde à ce qu'ils faisaient, car s'ils s'en prenaient aux dits commissaires ils provoqueraient leur propre perte, il

---

[59] Cette lettre constitue une importante contribution à l'histoire de la polémique évoquée supra du dix-septième siècle.

y avait en effet, assez de gens pour prendre le parti des commissaires royaux. Et je leur déclarai :

« Vous feriez mieux de supporter patiemment cette visite (nous-mêmes offrant l'exemple de la patience) plutôt que de les affronter, ou alors, soumettez-vous à la Religion Établie comme certains de vos frères l'ont fait en Angleterre. Mais, si vous vous battez contre eux, vous détruirez votre pays[60] ».

Ils semblèrent prendre mes avertissements à la légère mais finirent par m'écouter. Ils soupçonnaient George Cartwright[61] d'être un papiste ou un jésuite et complotaient contre sa vie. Mais, je leur assurai que cet homme était honnête et non pas un papiste. Il avait été mon voisin à Mansfield et je n'avais jamais entendu de pareilles choses à son propos. Prenez donc garde à vos actes car le Seigneur vous remettra entre leurs mains parce que vous avez versé le sang des innocents et avez persécuté les justes. Et j'envoyai dire aux commissaires [du Roi] à New York d'être sur leurs gardes lorsqu'ils arriveraient. Ainsi ils vinrent ensemble sans tarder lire le message du Roi. À cette époque-là un tribunal siégeait et ils étaient entourés de

---

[60] Réitération du pacifisme militant des Quakers. Cette exhortation contre la guerre est l'un des textes fondateurs du Mouvement à ses débuts. Le texte d'Elizabeth Hooton va dans ce sens.

[61] MS. **D.** (Portefeuille iii. 62) Ceci est tiré de *Calendar of State Papers Colonial,* 1665, i. 292 : Dans une lettre du 10 avril 1665, adressée à son collègue, le colonel Nicholls, George Cartwright écrit : « Aujourd'hui, une quakeresse (une femme de ma ville) m'a dit devant le capitaine Breedon qu'elle a entendu plusieurs personnes dire que j'étais papiste…, et que Sir Robert Carr entretenait une prostituée. Je l'ai examinée afin de savoir si je n'en entretenais pas une également, ou encore si elle ne me désignais pas comme papiste ». Elizabeth Hooton écrit : «ils avaient prétendu que Cartwright, l'un des commissaires était papiste ou jésuite, mais étant de ma ville, je l'ai justifié en leur disant que je n'avais entendu rien de tel». (MS. **D.** Portfolio iii, 43). Cartwright ajouta une attestation à ce courrier, disant : «Ceci est pour humblement attester que cette dame, Elizabeth Hooton rendit de grands services aux commissaires de Sa Majesté en Nouvelle Angleterre ». Remis de ma main, ce 6 décembre 1666. George Cartwright.

leurs hommes de main. Très tôt le matin, ils vinrent chercher nos Amis et les réveillèrent au lit. Ils les conduisirent devant le tribunal afin de les interroger sur le but de leur visite dans ce pays. L'un d'eux répondit qu'ils étaient venus rencontrer les commissaires du Roi. Mais, ils répondirent qu'ils fouetteraient les Commissaires attachés au dos des Quakers étant donné que nos Amis souhaitaient les recevoir et manifestaient de la sympathie pour eux. Ils les fouettèrent donc et les expulsèrent de leur endroit sur la côte, vers le Rhodes Island où nous avions obtenu la liberté de conscience religieuse. Et les commissaires du Roi également y jouirent de la liberté de leurs mouvements. Quant à moi, ils me sortirent de la prison et m'emmenèrent au bateau pour me renvoyer au loin. Ils ordonnèrent ainsi au capitaine du bateau de ne plus me laisser repartir et me firent partir ainsi jusqu'à la Barbade. Ils ne reçurent pas les commissaires du Roi, ni leur commission. Mais m'a rapporté qu'ils les avaient chassés de la ville, et ils me fouettèrent une fois, parce que j'avais refusé de reconnaître leur gouvernement à la place de celui du Roi.

J'aurais beaucoup d'autres choses à dire mais je ne voudrais répondre à la place du Roi. Désormais, je suis revenue ici pour demander que justice me soit enfin rendue, afin que mes biens qui avaient été saisis en mon absence, me soient restitués à nouveau et aussi pour que mes Amis qui sont en prison, sans avoir jamais fait de mal ni au Roi ni au conseil, soient libérés. Par amour pour toutes vos âmes, je vous ai écrit cette lettre pour vous faire part qu'en allant en Nouvelle Angleterre, je me suis mise au service du Roi et de ses commissaires. Ne récompensez donc pas mes bienfaits par le mal comme m'en ont menacé les autres ; et ne laissez pas tomber nos Amis entre les mains des méchants et d'hommes ayant perdu la raison, ni entre les mains de prêtres qui seraient prêts à détruire tout ce que nous avons pour nous faire payer les dîmes ; ces prêtres qui prélèvent les dîmes et gâchent les récoltes de nos Amis en maintenant nombre de ces gens en prison, dans toute l'Angleterre. S'il faut qu'ils prélèvent leurs dîmes, alors qu'ils laissent nos Amis libres de travailler afin de gagner plus d'argent, car les agriculteurs sont tellement appauvris qu'ils sont prêts à abandonner leurs champs à cause des dîmes, des taxes et des loyers très élevés qu'on leur impose. Et si tous les ouvriers agricoles devaient abandonner leurs champs, qu'adviendrait-il de vous tous dans ce pays où règne une si grande oppression et si peu d'argent pour acheter quoi que ce soit. Le bétail et le blé ne payeront pas leurs loyers, les impôts et les taxes diverses, l'impôt sur les cheminées et l'octroi constituent une sévère oppression. Car le Roi, je crois bien, ne reçoit pas le dixième de ce qui est encaissé. Lorsque, par exemple, ils ne sont pas en mesure de payer l'impôt sur les cheminées, on confisque dans les campagnes les couchages de ces malheureux. Vous tous qui êtes au pouvoir, considérez donc tout ceci et rétablissez la justice et l'équité dans le pays car, le Seigneur reviendra et plaidera la cause des innocents.

Moi qui suis éprise de vos âmes, ne suis pas venue ici de ma propre volonté.

Elizabeth Hooton
[Contresigné]
Au Roi et au conseil, déclarant avoir servi les commissaires du Roi en Nouvelle Angleterre, en raison de quoi elle plaide pour que justice soit rendue et que ses Amis soient libérés.

§§-13

Adressée au Lord Chamberlain

[….] Quand je retournai à Boston avec d'autres Amis, les commissaires du Roi étant présents dans la ville, ils[62] saisirent le cheval que je montai afin de s'en servir pour mener les commissaires du Roi hors de la ville, jusqu'à la campagne. Je fus donc obligée de parcourir environ soixante miles à pieds à travers les bois, au milieu d'animaux sauvages. J'étais avec une Quakeresse en partance pour la Barbade, elle était enceinte et attendait un enfant de sorte que nous risquâmes nos vies faute d'avoir un cheval. Sur le chemin du retour, de nouveau à travers les bois et dans une neige profonde je me trouvai toute seule, une meute de loups m'ayant précédée en traçant devant moi un chemin [dans la neige]. Ainsi, arrivai-je une fois encore à Boston, puis, au bout de sept jours, les commissaires me renvoyèrent mon cheval, leur[63] disant que c'était un cheval Quaker, et qu'ils ne pensaient aucun mal des Quakers, de sorte qu'ils ne le montèrent point pour revenir en ville. Si les commissaires n'avaient pas été présents en ville, les magistrats de Boston auraient fait en sorte de me condamner à mort et ne m'auraient jamais restitué mon cheval….

Ceci fut remis au Lord Chamberlain par moi-même le 21ième jour du quatrième mois de 1667.

---

[62] Renvoi aux dirigeants de la ville de Boston et non aux commissaires du Roi.
[63] Ibid.

Lamentation Pour Boston et Sa Ville Sœur Cambridge

Oh Boston! Oh Boston! Combien de fois as-tu été avertie par les serviteurs du Seigneur que Celui-ci t'a envoyés ? Comment as-tu pu ainsi négliger le jour où tu fus avertie ? Comment as-tu pu récompenser les bienfaits du Seigneur par le mal en assassinant les justes et les innocents que le Seigneur t'a envoyés pour vous admonester contre vos attitudes impies qui sont épouvantablement répandues parmi vous en raison de vos cruelles flagellations, des emprisonnements et des bannissements sous peine de mort ainsi que des exécutions capitales de plusieurs personnes…. Et ta sœur Cambridge qui est ton égale dans ses actes de méchanceté et qui représente la source et la pépinière de tous ces mensonges. Vous êtes les deux yeux de la Nouvelle Angleterre au travers desquels tous les autres comprennent comment molester et persécuter les Justes. Grâce à vos diverses lois qui ont été inventées à Cambridge et mises en pratique à Boston. Vous êtes les deux mamelles de la cruauté auxquelles se nourrissent les prêtres et les religieux fanatisés, ces mêmes deux mamelles ont fait [de vos partisans] des hommes avides de sang, des persécuteurs, des meurtriers, et des voleurs de pauvres innocents et de gens inoffensifs partout dans le pays.

En plusieurs endroits du pays vos enfants détruisent et fouettent de pauvres innocents, confisquant leurs biens comme ce fut le cas à Hamton et en d'autres endroits où les pleurs des innocents résonnent dans les oreilles du Seigneur du sabbat…. Et Il vous pourfendra et vous déchirera et délivrera Ses petits de vos mains, et Sa colère sera terrible et Il crèvera vos deux yeux…. Vous êtes des ronces et des épines prêtes à être brûlées. Le malheur et la misère vous guettent.

Hurlez et versez des larmes de peur que vos rires ne soient transformés en pleurs et vos joies en peines.... Hélas ! Voyez comme toute votre religion et votre foi ont été éclaboussées et souillées de sang ! Vous avez délaissé votre fontaine de vie et avez déchaîné une tempête si forte qu'elle a balayé toute l'eau. Vous avez détesté la lumière et vous l'avez persécuté, c'est pourquoi vous ne pourrez pas échapper, écoutez bien ceci et réfléchissez-y bien sans mépriser ces paroles car ce sont celles du Seigneur que vous vouliez les entendre ou non.

Elizabeth Hooton

15

A L'attention Du Roi
Ceci fut lors de l'apaisement de la peste

O, Roi !

[….] Pour quelle raison avons-nous été embarqués vers d'autres terres et cela sur de vieilles barcasses pourries, faisant eau de toutes parts? Le sang retombera sur la tête de ceux qui ont perpétré cela. Car beaucoup sont morts et nous ne savons pas ce qui est arrivé aux autres, sauf à penser qu'ils ont été capturés par les Hollandais[64] comme c'est le cas pour certains d'entre eux. D'autres gens avant ceux-là ont été emmenés outremer sur trois bateaux, parmi eux, il y avait des jeunes et des vieux, y compris des mères et leurs enfants ainsi que d'autres membres de leurs familles enlevés à leur pays natal et emmenés vers d'autres pays….

---

[64] Un rappel historique des affrontements maritimes qui opposèrent les Britanniques et les Hollandais au 17ième siècle.

16

Avertissementadressé aux Femmes Ranters

Vous, autres femmes hurleuses, qui appartenez aux Ranters[65].....Vous avez dit que nous avions fait de George Fox[66] une idole.... Vous avez récemment pourchassé Richard Farneworth ainsi que d'autres.... Pour cette raison le malheur s'abattra sur vous[67]...

---

[65] Il n'est pas étonnant que de pareils termes soient employés. Les sectes de l'interrègne et leurs successeurs avaient l'habitude de se démarquer les unes les autres par l'emploi de termes péjoratifs. Les réprouvés, en définitive, appartenaient au monde extérieur aux sectes.

[66] Elizabeth Hooton s'affirme ici comme le disciple privilégié de George Fox. Elle profère des menaces à l'égard des femmes Ranters qui, pour elle, invoquent le nom de « son maître » en vain.

[67] Le ton de cette lettre est menaçant en raison de son contenu apocalyptique.

17

A L'attention du Roi et des Deux Chambres du Parlement

Chers Amis,

Réfléchissez bien à ce que vous avez provoqué dans les villes et dans les campagnes avec cette nouvelle loi[68]. Vous avez causé la ruine de milliers de mères de famille honnêtes à la campagne et les cris des innocents[69] sont arrivés jusqu'aux oreilles du Seigneur qui s'oppose à ce que vous avez fait. Considérez donc, ce que vous ferez de ces pauvres gens que vous avez appauvris, et auxquels il faudra leur restituer à nouveau les biens que vous avez saisis car, ils aidaient les pauvres et payaient dûment leurs loyers et impôts.

Mais, des juges et certains prêtres ont acheté leurs biens pour la moitié de leur valeur, tandis que des ivrognes et des blasphémateurs s'enfuient avec le reste, jurant que les Quakers étaient réunis dans leurs l'Assemblées[70] lorsqu'ils n'y étaient pas. Alors, grâce aux faux témoignages, ils dérobent les biens des gens ce qui est du vol. Des voleurs et des bandits ont donc fait main basse sur nos biens et à cause de cela, hommes, femmes et enfants sont acculés à une extrême misère puisqu'au bout de quelques mois ils n'ont plus de quoi

---

[68] Il s'agit de la loi de 1664, *The Conventicle Act* interdisant les assemblées des Églises dissidentes, non-conformistes, c'est-à-dire, tous les mouvements et sectes n'appartenant pas à l'Église anglicane. Elle fut à nouveau promulguée en 1670. Cette loi de 1664 ne fit que reprendre une précédente loi promulguée en 1662, *The Quaker Act*. En outre, si cette loi s'attaquait à toutes les sectes dissidentes, les Quakers furent le plus sévèrement atteints par ces lois.

[69] Réitération de sa mission. Elle prend ici la défense des innocents, s'exprimant dans cette lettre, pour ceux qui ne peuvent pas s'exprimer.

[70] Elle souligne dans cette lettre l'irrégularité du processus judiciaire et l'effet néfaste de cette loi qui s'applique en s'appuyant sur de faux témoignage.

se nourrir, ni soulager les autres. En conséquence, si vous ne réfléchissez pas à ces choses en temps voulu, elles ruineront le Roi et le pays. Il est donc dans votre intérêt, de réfléchir à cela avant qu'il ne soit tard et de retirer cette loi et la remplacer par de meilleures.

Voici ce qui se passe dans le pays, hormis tous les abus corporels. Voyez ce qu'ils nous font dans cette ville, ils démolissent nos maisons, ils martyrisent et molestent des hommes et des femmes avec leurs épées, leurs fusils, leurs hallebardes, leurs piques et leurs bâtons et ils piétinent les gens sous leurs chevaux. Que pouvons-nous attendre d'autre, sauf que la plupart de ceux qui agissent ainsi, sont des papistes et des sauvages ? Si des telles vilenies sont tolérées dans cette ville, laissant des gens honnêtes être ruinés, ceux-là mêmes qui servent le Seigneur de tout leur cœur et qui sont pourchassés par une grande bande de gens abonnés aux spectacles de foire, aux théâtres et autres vains passe-temps, que pouvons-nous espérer d'autre, si ce n'est que la main du Seigneur ne s'abatte bientôt sur vous ?[71]

Repentez-vous donc, tant qu'il est temps et prenez garde ! Rendez la justice, aimez la miséricorde et marchez humblement avec Dieu pour que vous puissiez trouver le lieu du repentir de peur que vous ne soyez exclus pour toujours. Je suis celle qui chérit vos âmes et ne souhaite pas vous voir périr.

Elizabeth Hooton

---

[71] Question rhétorique qui servait à souligner une vision apocalyptique accompagnée d'avertissements employés par les sectes de l'interrègne pour rappeler leurs adversaires à l'ordre.

A L'attention du Roi

J'ai apporté une lettre depuis le Nottinghamshire à la cour du Roi. Cette lettre décrit la grande persécution subie par une partie du comté, résultant en une spoliation d'une valeur de plus de trois cents livres pour une seule Assemblée…. Ils [les magistrats] n'ont aucun souci de ce qu'ils exigent de nous…. Pour avoir fait ses dévotions au Seigneur… un magistrat a condamné un homme à une amende de vingt livres… et a ordonné par la suite à ses huissiers de prélever des biens valant trois ou quatre fois cette somme pour la simple raison qu'ils « pouvaient en tirer une bonne quantité de pièces, puis ils lui saisirent également des marchandises pour une valeur de trente livres, ensuite, après lui avoir emmené ses moutons, ils exigèrent du même homme qu'il s'acquittât de la dîme sur la laine et les agneaux».

Ils ont emmenés les hommes et les adolescents du pays et les ont enfermés à la prison de Nottingham contrairement à la loi. Or, le pays s'oppose à de telles exactions car elles le conduisent à la ruine.

§§-19

A L'attention du Roi et du Parlement

On a pris à un homme £150, pour avoir organisé chez lui à trois reprises, une Assemblée de prières, et on l'a ruiné, lui, sa femme et ses enfants. Ceci a été l'œuvre du juge Penniston Whally, [un certain] Waker ayant été son indicateur. Ils ont également dépouillé d'autres jeunes gens à Farnsfield.

§§-20

A L'attention du Lord Chamberlain[72]

Afin que je puisse avoir un cheval sur lequel me déplacer dans ma vieillesse.

Cher Ami,

Je t'écris ceci pour que tu puisses prendre en considération le sort des innocents, de même que celui des veuves auxquels la plupart des gens demeurent encore indifférents.

J'ai effectué un voyage pénible de plus de 100 miles pour venir ici à Londres, étant moi-même âgée et physiquement affaiblie, ceci afin de déposer devant le Roi et devant le conseil les doléances des innocents qui sont emprisonnés partout dans le pays et qui n'ont fait de tort, ni au Roi ni à son conseil. Nous ne nourrissons aucune pensée hostile envers lui qui puisse lui nuire ou lui porter préjudice. Je suis venue ici à plusieurs reprises à propos de la même chose, à savoir, l'équité et la justice, car mes biens ont été saisis en contradiction avec vos propres lois. Mes biens ont été saisis pour acquitter les amendes d'un autre bien qu'il eût, lui aussi, rempli les exigences de vos lois en subissant la même pénalité et que pouvait-on demander de plus ? On m'a dérobé des biens d'une valeur de £20 pendant la saison des récoltes c'est-à-dire, mon attelage qui à l'époque représentait pour moi et ma famille une perte de plus de £100, cela signifiait la perte de mon bétail et de ma récolte, outre la perte de ma ferme. Ceci m'a été fait à Sileby dans le Leicestershire par Mathew Babington de Roadby que l'on appelle un juge. Il dépasse tous les autres en malice, en recrutant un exempt appelé

---

[72] Edward Montagu, deuxième comte de Manchester (1602-1671), fut nommé en 1660 Lord Chamberlain. (voir *D.N.B.*).

William Palmer qui a saisi mes biens pour un montant de plus de cent livres et les a vendus. Malgré mes demandes répétées d'obtenir un mandat pour le faire comparaître devant un juge, cela ne me fut jamais accordé. Mais la main du Seigneur s'est abattue sur cet homme et il est mort comme un misérable.

Constatant que je ne pouvais pas être entendue dans ce pays et que justice ne pouvait pas m'être rendue, j'ai donc fait appel et me suis adressée au Roi qui m'a demandé d'aller voir Lord Chamberlain qui me fournirait une réponse. C'est pourquoi je m'adresse à toi pour connaître la réponse du Roi, et savoir comment je puis obtenir la libération de mes Amis[73], ou encore me faire restituer les biens qui m'ont été confisqués. Mais je n'ai jusqu'alors obtenu aucune réponse sur ces deux points. La dernière fois que j'étais ici, tu m'as donné une lettre, que tu as scellée, adressée au Comte de Stanford[74] et que je devais lui apporter ce que j'ai effectivement fait après un voyage difficile mettant ma vie en péril. Mais, si j'avais connu son contenu, j'aurais préféré insister auprès du Roi et du duc de York avant de me mettre en chemin, ce qui aurait été plus profitable à moi et mes amis. Je n'ai jamais sollicité aucune faveur ** d'un grand seigneur pour récupérer mes biens ni un geste de charité**, car ceci n'est pas de mon invention mais seulement une demande d'équité et de justice.

Mon plus grand désir est que vous puissiez faire justice et rendre des jugements équitables tant qu'il est encore temps, de peur que votre dernière heure n'arrive subitement comme

---

[73] Cet idéal Quaker fut défendu par Edward Burrough !

[74] Henry Grey (1599 ?-1673) devint comte de Stanford en 1628. (*D.N.B.*) Il appartenait à la Noblesse du Leicestershire. Son fils John Grey est mentionné plus loin.

** Cette négation est très significative, elle met en évidence la préoccupation première des Quakers qui œuvraient pour la justice sociale et la paix. Dans une société où règne ces deux valeurs, personne n'a besoin de privilèges et passe-droits, ni de charité.

c'est arrivé aux autres qui vous ont précédé. Embrassez donc l'honneur véritable, dépourvu de tout titre flatteur, car la vraie noblesse, c'est d'écouter les pleurs des innocents et de rendre justice et jugement en faveur des veuves et des orphelins, et de ne pas vous souiller au contact du monde. Voilà la vraie noblesse qui ne passe jamais, et l'homme qui écoutera les pleurs des innocents et les aidera dans leur détresse, est noble. Mais, celui qui n'agit pas ainsi, n'est même pas à la hauteur du juge inique, lequel, bien que ne vivant point dans la crainte de Dieu et n'ayant pas de respect pour les hommes, avait pourtant donné raison à une veuve de peur qu'elle ne le harcèle. Alors, Ami prends ces choses en considération car je t'ai respecté beaucoup plus que d'autres en raison de ton esprit de modération qui manifeste la noblesse qui est la tienne….

A propos de la lettre que le comte de Standford m'avait envoyée te remettre, étant donné que des deux côtés vous avez tous deux conduit si mollement cette affaire qu'aucune satisfaction ne m'a été accordée et pourtant sa lettre précisait bien que certains de ceux qui avaient acheté mon bétail étaient morts, et que ceux qui restaient ne voulaient pas se mêler vraiment de cette affaire. Je vous affirme que l'exempt qui m'a dépouillé de cent livres est mort et que les gens qui lui ont acheté mon bétail étaient vivants lorsque je suis venue, car, j'étais avec eux. Mais je ne saurais dire si ceux à qui ils les ont vendus sont morts ou vivants, je n'en sais rien. En revanche, celui qui doit me restituer mes biens, se nomme Mathew Babington si je puis faire prévaloir mes droits.

Le comte de Standford s'est occupé de l'affaire pour déterminer ce que ceux qui avaient mes biens comptaient faire mais n'ayant pas reçu une lettre pour l'appuyer il ne put rien faire et vous renvoie par conséquent de régler ceci. Si donc vous lui écrivez à nouveau, que ce soit de manière décisive afin que justice me soit rendue, car la loi ne m'est pas contraire, mais en ma faveur (bien que je ne puisse pas m'en servir pour intenter un procès), mais je suis sûre que vous pourrez régler ceci entre vous, étant donné que vous êtes plus hauts placés que les autres.

Les magistrats qui ne me rendront aucune justice sont – Behman [Beaumont] Dixey, le Juge Babington de Rodely [sic], le comte de Standford et son fils John Grey et plusieurs autres dans le Leicestershire que certains disaient pouvoir me rendre justice, mais qui ne l'ont pas fait.

Dans ce comté, il n'y a que cruauté et injustice : ils ne veulent pas écouter les pleurs des innocents.

Cette lettre fut délivrée Le 10ième jour du 5ième mois 1667.

Celle qui chérit vos âmes et est une amie à tous ceux qui sont honnêtes[75].

Elizabeth Hooton

---

[75] Reprise d'un des thèmes éthiques cher au mouvement quaker : l'honnêteté.

Adressée a L'attention du Duc de York

Je viens donc également te solliciter, pour que tu puisses m'aider dans l'affaire présente, pour qu'un moyen effectif soit trouvé afin qu'on me restitue mes biens…. Le comte de Standford qui est l'ami du Roi connaît l'essentiel de mon problème et pourrait le résoudre si tu lui envoyais une lettre.

[….] Le Roi l'avait confié entre les mains des juges pour *[papier déchiré]* ces choses et je lui ai dit que j'avais été les voir et qu'ils ne voulaient *[papier déchiré]* mes droits me demandant d'intenter un procès devant les tribunaux. Mais les avocats sont aussi corrompus que les magistrats et je ne veux pas les consulter. Ils me disent d'aller revoir les magistrats encore pour voir s'ils me rendront justice et s'ils feront venir des témoins pour attester que les biens m'appartenaient afin que j'obtienne justice.

Ainsi me suis-je rendue à une autre session de la cour pour leur faire savoir ce que j'avais fait et ce qu'ils en disaient, et j'ai encore attendu pour que justice me soit rendue. Je suis partie chez certains d'entre eux et au tribunal et les ai suivis partout où ils allaient jour et nuit ; et quand ils ont siégé pour savoir s'ils pouvaient ou non me rendre justice, ils ont endurci leurs cœurs et se sont montrés insensibles aux plaintes de la veuve, méprisant tout sens de la justice….

22

Adressée a L'attention du Roi

Combien de fois, en ma vieillesse, suis-je venue te voir pour que tu reviennes dans la voie de l'Esprit et de la paix, pour le bien-être de ton âme et au nom de la justice et de l'équité ? Oh ! ne laisse point ton royaume aux papistes ni tes forces vitales aux femmes[76]....

Il y a à Northampton, quinze personnes sous le coup de la loi les bannissant. Je souhaite que tu les fasses libérer en compagnie de tous ceux qui s'y trouvent. Ils sont tous les prisonniers du Roi[77].

---

[76] Elizabeth Hooton évoque ici l'un des scandales moraux de son temps. Il s'agit de la propension du Roi à entretenir des maîtresses. Aussi le met-elle en garde.

[77] Elizabeth Hooton rejette ici la responsabilité des persécutions subies par ces prisonniers sur le Roi. S'ils sont en prison, c'est parce que le Roi le veut. D'où son insistance qu'il fasse un geste pour les libérer.

23

Attestation

J'atteste ceci à propos de mon fils Samuel. J'eus un entretien avec George Fox au sujet de sa future épouse et il me demanda qui elle était et je lui ai expliqué aussi exactement que possible son comportement et il me déclara de le laisser la prendre pour épouse. Ceci donc, indique mon acceptation qu'il la prenne pour épouse.

Ce 26ième jour du dixième mois 1670.[78]

Elizabeth Hooton

---

[78] Cette attestation est datée du mois suivant ce mariage. Il est possible qu'Elizabeth Hooton fût en voyage quand leur intention de se marier avait été déclarée publiquement devant l'Assemblée Quaker, aussi était-il nécessaire d'obtenir son consentement de parent aussi rapidement que possible.

24

A L'attention de Hannah Fell[79]

Amie,

Lorsque je vous ai vu, toi et ton époux, le Seigneur m'a insufflé à l'esprit qu'il devrait être averti de ne point persécuter les justes et de se garder de se joindre à ceux qui agissent ainsi, car il a quitté la voie de la Vérité dans laquelle il était jadis, et a rejoint les magistrats et les prêtres qui nous persécutent et qui ont été à l'origine de la persécution et de l'emprisonnement de sa mère ainsi que de ceux qui se réunissaient chez elle (d'après ce que j'ai appris), ceci étant l'œuvre de ton époux. Mais, j'ai été poussée par l'esprit du Seigneur à aller le trouver et lui déclarer qu'il avait quitté la voie de la Vérité dans laquelle il se trouvait auparavant, s'étant dorénavant associé aux persécuteurs et qu'il était devenu amateur de plaisir, mais non plus adepte de la Vérité, qu'au contraire il persécute celle-ci. Ceci étant une façon de maintenir sa mère en prison. C'est là une attitude qui me permettrait, pour autant que je sache, de le faire inculper par un tribunal. Je fus cependant obligée de lui dire que s'il persistait dans cette voie de la persécution sans se tourner vers la Vérité qu'il avait jadis connue, le Seigneur le retrancherait [de ce monde] avec les racines et les rameaux[80]. Et bien que sa mère ait été libérée par le Roi, ton mari est parti encore voir le Roi pour qu'il la fît arrêter et inculper à nouveau. (D'après ce qu'on [m'a] dit). Mais le Seigneur l'a désormais retranché et a écourté ses jours.

Et maintenant on dit que tu as eu gain de cause contre ta belle-mère pour qu'on saisisse tous ses biens et ses propriétés. Quelle belle-fille indigne tu es ! Jamais, on n'a vu pareille

---

[79] Elle fut la belle fille de Margaret Fell.
[80] Allusion biblique tirée du livre de Malachie 4 : 1.

méchanceté se manifester en Angleterre ou à une époque passée : que tu puisses ainsi ruiner ta belle-mère ! Le même sort qui a retranché ton mari du monde s'abattra sur toi et ne te laissera ni racines ni rameaux si tu ne te repentis pas promptement et si tu ne délaisses ta méchanceté en laissant ta belle-mère tranquille concernant ses biens fonciers. Le terrible courroux du Seigneur et la peste te frapperont : toi et les tiens. Vis donc dans la peur et la terreur du Dieu vivant ! Mets de côté ton ignoble dessein alors qu'il en est temps, de peur que le même sort qui arrachât la vie à ton mari n'arrache la tienne en raison de ta cruauté envers ta belle-mère qui ne t'a aucunement blessée et ne t'a jamais rien fait de mal.

Redirige donc ta conscience vers la Lumière du Christ qui t'éclairera sur tous les chemins. Celle qui chérit ton âme.

Elizabeth Hooton

25

Adressée au Roi et au Conseil en Faveur de Margaret Fox[81]

Celle qui fut l'épouse du Juge Fell eut un fils rebelle et désobéissant qui rechercha la perte de sa propre mère. Le Seigneur l'a retranché dans la mort et maintenant sa femme cherche à ruiner sa belle-mère en justice en obtenant un jugement contre elle lors des Assises de Lancastre pour la déposséder de tous ses droits légitimes. Elle cherche ainsi à la ruiner, elle et ses enfants, si elle le peut. Que Roi et son conseil puissent examiner ceci et venir en aide à la veuve et aux orphelins. Sa belle-fille cherche à la priver de ce que son mari lui a laissé. Je vous supplie donc d'examiner ceci sans délai et d'envoyer une note aux juges pour que la justice puisse passer.

Celle qui chérit vos âmes,

Elizabeth Hooton

---

[81] Elle fut l'épouse de George Fell, et devint Margaret Fox en épousant George Fox en secondes noces. Nous avons mentionné dans la préface les interventions de Hooton en faveur de Margaret Fell-Fox. Cette lettre en constitue une autre.

26

Adressée à L'attention de Margaret Fox Prisoniere a la Forteresse de Lancastre

Chère Margaret,

Toi qui es fidèle à Dieu et vis dans sa sagesse et qui souffres pour Dieu et sa Vérité, toi qui as éprouvé de nombreuses et grandes souffrances, tu es une mère d'Israël, et Dieu est ton témoin. Tu as souffert plus que la plupart des personnes ne le croyaient. Et pourtant, Dieu t'a délivrée. Loué soit son nom éternellement et pour toujours ! Sois réconfortée, le Seigneur te délivrera encore et ceux qui cherchent ta ruine, le Seigneur les détruira s'ils ne se repentissent pas rapidement et s'ils n'amendent pas leurs lois. Il n'y a pas d'autre moyen que d'avoir confiance dans le Seigneur car il est le Sauveur véritable.

Hannah Salter[82] est allée trouver le Roi et a beaucoup œuvré pour ta cause et j'ai été assez fréquemment auprès du Parlement et leur ai distribué de nombreux livres et leur ai parlé suffisamment. Nous avons distribué au Parlement plus de 200 exemplaires du traité sur la condamnation du papisme[83] *(The Arraignment of Popery)* ainsi que plusieurs autres livres excellents dont j'estime l'ensemble valoir environ £20. Ils les ont fort bien acceptés, mais ce qu'ils nous réservent pour la suite, je n'en sais rien.

---

[82] Hannah Salter connue sous le nom de : Hannah Stringer, était l'épouse du londonien John Stringer. Elle avait participé aux incidents de 1656 menant à la déchéance du dirigeant Quaker, James Nayler. Elle s'était repentie et était retournée au Quakerisme. Elle épousa en 1666, le Londonien, Henry Salter.

[83] *The Arraignment of Popery,* traité savant de 140 pages de George Fox et Ellis Hookes, publié en 1667, était un recueil de chroniques sur l'état de l'Église primitive, ainsi que sur l'état des papistes….

J'ai tellement envie de te voir. Si tu pouvais seulement venir voir ton mari avant qu'il ne parte. Si le Seigneur t'accordait la liberté de le voir, cela me réjouirais le cœur. Je ne sais pas, mais il se pourrait que je parte avec lui. Je me suis sentie poussée d'aller jusqu'au bout et de faire ce qui me sera demandé de mieux pour lui. J'ai écrit une lettre à ta belle-fille et je souhaite que tu puisses la relire afin de pouvoir la rectifier s'il y avait quelque chose qui ne te convienne pas. Car cela m'a pesé de lui écrire. À présent désormais, je n'ai autre que mon amour à vous transmettre, à toi, tes filles et tes amies, car je suis pressée de retourner au Parlement. Adieu donc, Amie bien-aimée qui jouis de la puissance de la Vérité. Que Dieu te bénisse à jamais !

Elizabeth Hooton

Hannah Salter a bon espoir que l'affaire se règle. Et elle n'a pas laissé le Roi tranquille tant qu'il n'accorderait pas ce qui lui était demandé. Ses conseillers présents lui ont promis que cela sera fait. Elle repartit le voir le lendemain pour qu'il le lui donnât par écrit et portant son sceau. Je pense donc que ce sera fait au moment choisi par Dieu afin que nous puissions tous glorifier son saint nom pour la miséricorde qu'Il a manifesté envers toi et envers nous ! Je termine donc en te disant au revoir, chère Margaret.

27

Adressée a L'attention des Dirigeants et Magistrats de Cette Île Qui Devraient Exercer Leurs Charges au Nom de Dieu

J'ai vu beaucoup de bouleversements et le Seigneur continuera de bouleverser le monde. Prenez garde donc, et vivez dans la crainte du Seigneur pour qu'il puisse vous accorder ses bénédictions…. Examinez en conséquence ce dont cette île a besoin. Il y a une forte demande de justice et de jugements équitables car, lorsque l'on parcourt le pays, on y entend l'immense lamentation des pauvres, dépouillés par les valets [esclaves] des riches, de sorte que les gens ne peuvent pas garder hors d'atteinte de ces voleurs, ce qu'ils possèdent. Et s'ils portent plainte, justice ne leur est pas rendue. N'est-il pas vrai que tout homme doit veiller à s'assurer que sa famille ait suffisamment de nourriture ainsi que de toutes choses nécessaires pour vivre ? L'éducation dans la voie du bien requiert que les êtres s'abstiennent de voler et de faire le mal afin que vous puissiez établir des lois justes qui garantissent l'ordre parmi le peuple en conformité avec ce que ses dirigeants inculquent au peuple. C'est ainsi que vous atteindrez…. à une réelle réforme de vous-mêmes. Réformez-vous d'abord au sein de vos familles et vous verrez alors clairement comment diriger les autres, car Dieu attend de vous et de tout le peuple une réforme[84], afin que Dieu vous bénisse ! Revenez ainsi vers la lumière[85] du Christ afin de percevoir ce que vous devez faire ou ne pas faire et que

---

[84] C'est une idée clé du mouvement visant transformer la société anglaise.

[85] Doctrine centrale de la lumière intérieure qui résume la théologie Quaker, voir introduction générale.

tous vos actes soient guidés par cette lumière, car elle a illuminé tous ceux qui viennent au monde.

Celle qui chérit vos âmes, venue pour vous avertir.

Elizabeth Hooton

28

Adressée à un Certain Dirigeant de la Barbade[86]

Ami[87],

J'ai quelque chose à te dire pour toi si tu aspires à être aussi noble que ta condition l'indique. Ne prête pas l'oreille aux méchants ni aux persécuteurs comme lorsque les prêtres viennent se plaindre contre des innocents comme ils l'ont toujours fait, criant au secours pour que les magistrats les aident à protéger leur profession. Ne prête pas non plus l'oreille à un quelconque parti qui viendrait te trouver avec de fausses accusations…. Le Seigneur a parfois annihilé les entreprises de gens qui souhaitaient nous faire du tort et très souvent, j'ai été trouver le Parlement ; et les parlementaires m'ont reçue très cordialement. Et je leur ai remis plusieurs cahiers de doléances et des lettres et ils les ont reçus de moi et se sont abstenus de nous faire le mal que certains auraient désiré qu'ils nous fassent. Au contraire, ils ont mis fin aux persécutions et nos Assemblées à Londres étaient, et sont encore, paisibles, comme nous venons de l'apprendre par le courrier du dernier bateau, Le dernier maire de Londres en place quand j'y étais dernièrement ne nous a jamais occasionné de tort et n'a jamais fait interrompre nos Assemblées….

Par conséquent, prends garde à ne pas te joindre à ceux qui persécuteraient et feraient du mal aux innocents car, si tu le faisais, tu ferais du tort à ton âme même. Ne prête pas

---

[86] Cette lettre est datée le 7ième du 10ième mois 1671. Son objectif est de mettre en garde cette personnalité contre les fausses accusations et les incitations du clergé officiel pour que l'on persécute des innocents.

[87] Contrairement à l'orthographe précédente de ces mots avec une majuscule, je l'évite ici puisqu'il ne s'agit pas d'un Ami convaincu « convinced » dans la foi Quaker.

l'oreille à ces gens méchants qui viendront te raconter des contes et des mensonges sur George Fox ou sur tout autre appartenant au peuple de Dieu, car j'atteste que depuis ces vingt-cinq dernières années il a été un homme droit, honnête et bon comme on en trouve peu en Angleterre. Acquittes-toi donc honorablement de ta charge et Dieu te bénira. Ne prête pas attention aux fausses accusations ou aux prêtres, car ce sont eux qui ont crucifié le Christ et ont tué ses apôtres ; et ce sont ces hommes-là qui feraient la même chose s'ils en avaient le pouvoir. J'ai éprouvé leur cruauté envers moi ces vingt dernières années[88] et envers beaucoup d'autres et bien que je n'aie aucune hostilité à leur égard, ni aucun désir de me venger d'eux, je voudrais qu'ils se repentissent et reviennent vers le Seigneur comme certains d'entre eux l'ont fait. Retourne donc vers la lumière de ta conscience, ce qui te permettra, si tu restes à son écoute, de ne faire injure à quiconque.

De la part de celle qui chérit ton âme.

Elizabeth Hooton
Barbade, le 7 du dixième mois 1671.

---

[88] Hooton précise ici le nombre d'années pendant lesquelles elle dut endurer des persécutions. Ce qui corrobore l'information fournie par Gerard Crœse concernant le début de la prédication d'Elizabeth Hooton.

Epilogue

Tout ceci, et plus encore, je l'ai traversé au milieu de souffrances. Et j'en aurais fait beaucoup plus encore pour l'amour de la semence [divine] qui est enfouie et opprimée, telle une charrette croulant sous des gerbes de blé, ou un prisonnier au fond d'un cachot ; oui, l'amour que j'ai pour l'âme des hommes me donne la volonté de supporté tout ce qui peut être infligé de pire[89].

---

[89] Cite in Bishop, *Op. cit.* p. 420. Cet épilogue souligne à nouveau l'audace et la ténacité de Hooton après plus de deux décennies de tribulations pour propager la Vérité.